Collection dirigée par le professeur Roger Brunet,
assisté de Suzanne Agnely et Henri Serres-Cousiné.

©. *Librairie Larousse. Dépôt légal 1978-1er - No de série Éditeur 8358.*
Imprimé en France par l'imprimerie Jean Didier (Printed in France).
Librairie Larousse (Canada) limitée, propriétaire pour le Canada
des droits d'auteur et des marques de commerce Larousse.
Distributeur exclusif pour le Canada : les Éditions françaises Inc.,
licencié quant aux droits d'auteur et usager inscrit des marques pour le Canada.

Iconographie : tous droits réservés à A. D. A. G. P. et S. P. A. D. E. M.
pour les œuvres artistiques de leurs adhérents,
ISBN 2-03-013932-7

beautés de la France

LA PICARDIE

Librairie Larousse
17, rue du Montparnasse, 75006 Paris.

Sommaire

Dans chaque chapitre figure une carte originale de Roger Brunet.

Les numéros entre parenthèses renvoient aux folios placés en bas de page avec les titres abrégés des chapitres (1. Picardie de la mer — 2. Amiens, Beauvais, Noyon — 3. Cathédrales de Haute-Picardie — 4. Compiègne, Chantilly, Senlis).

1. La Picardie des bords de mer

rédigé par Monique Fauré

Le reportage photographique a été réalisé par
Ivan Farkas-Fotogram
à l'exception des photos :
pp. 6-7 (haut), Veiller-Explorer;
p. 6 (bas), Duscher-Pitch;
p. 7 (bas), Chevallier-Explorer;
p. 13 (bas), Anderson-Fournier-Explorer;
p. 15 (bas), Studio Girard;
p. 16, Nadeau-Studio des Gds-Augustins;
p. 18 (bas), R. Cauchetier.

2. Amiens, Beauvais, Noyon, cathédrales picardes

rédigé par Jacques Nosari

Le reportage photographique a été réalisé par
Michel Cambazard-Explorer.

Notre couverture :
Coulonges-en-Tardenois

Photo : Danèse-Rapho

3. Les cathédrales de Haute-Picardie

rédigé par Jacques Nosari

Le reportage photographique a été
réalisé par
Michel Cambazard-Explorer.

4. Châteaux et forêts
au fil de l'Oise

rédigé par Gérald Pechmèze

Le reportage photographique a été
réalisé par
**André Édouard-Studio des
Gds-Augustins**
à l'exception de la photo :
p. 9 (bas), J. Guillot-Top.

Index

Les lettres placées devant l'indication des pages renvoient aux chapitres suivants :

PM (La Picardie des bords de mer)
ABN (Amiens, Beauvais, Noyon, cathédrales picardes)
HP (Les cathédrales de Haute-Picardie)
CCS (Châteaux et forêts au fil de l'Oise)

Les pages sont indiquées en **gras** lorsqu'il s'agit d'une illustration, en *italique* pour le renvoi à la carte.

La Picardie

ENTRE *Paris et le Nord s'intercale une région aussi méconnue que son nom est connu : la Picardie. Lors même que le Parisien jouit de ses attraits, quelque part vers Ermenonville ou vers Chantilly, du côté de Compiègne ou de Clermont, il n'associe pas ces jouissances à l'idée de Picardie. Et, s'il va droit au Nord, il l'ignore encore plus superbement, les yeux rivés sur le ruban de l'autoroute. La Picardie, un peu comme la Champagne sa voisine, évoque d'abord la plaine à betteraves, ou des batailles aux résonances douloureuses : Crécy et Picquigny, Péronne et Montdidier, le Chemin des Dames.*

Elle va pourtant de la mer à l'Ardenne, et de Chantilly à Saint-Quentin : quatre noms qui disent tout autre chose, pour quatre points cardinaux, et pour trois départements — Aisne, Oise et Somme. Quatre grands atouts du tourisme : un littoral, des cathédrales parmi les plus connues, des châteaux et des forêts souvent associés.

Du littoral de la Manche, la Picardie n'a pas un très long liséré. Mais l'estuaire de la Somme et ses abords ne manquent pas de variété. Au sud-ouest, la Picardie a des falaises vives qui prolongent celles de Normandie de ce côté de la Bresle, entre Mers et Onival. Puis c'est un long cordon de silex noirs qui s'incurve, par Cayeux, jusqu'au Hourdel, tandis que la falaise n'est plus qu'un doux talus de l'arrière-pays, qui va droit à Saint-Valery. De l'autre côté du large estuaire de la Somme, où campe Le Crotoy, et que la mer abandonne en entier à chaque marée basse, on retrouve le même paysage : un rivage gagné sur la mer, les larges dunes de sable de Fort-Mahon; une vieille falaise délaissée, qui se devine vers Arry; entre les deux, la plaine humide du Marquenterre, devenue un riche domaine agricole. Avec, tout près de la Somme, ces marais indécis qu'on appelle mollières : mouchetés d'étangs ronds qui ont chacun leur hutteau, ce fortin bas où se tapissent les chasseurs d'oiseaux sauvages. Ce pourrait être un paradis « écologique », mais c'est aussi celui des chasseurs... Le rivage, lui, est le paradis de ceux qui aiment le grand air plus que la cuisson à petit feu sur tapis de bain, la course au pied des dunes plus que l'exposition d'huiles à bronzer. Avec une toile de fond qui ne manque pas d'attraits : Abbeville, ancien port de mer qui n'a pas renié son passé; des abbayes, comme Valloires et Rue; une grande forêt, celle de Crécy; et de curieux petits pays ruraux fort actifs, au nord le Ponthieu, au sud ce curieux Vimeu où de longs villages étalés continuent à façonner serrures et robinets...

À l'autre bout de la Picardie, on retrouve une nature de grande valeur touristique : mais c'est celle des grandes forêts proches de l'Île-de-France. Elle profite surtout aux Parisiens, après avoir profité aux cours des rois et des empereurs. Nature point si naturelle, car ces forêts n'ont rien de sauvage et sont rigoureusement entretenues; et nature bien enrichie, car ces forêts cachent, ou jouxtent, de splendides œuvres d'art : il n'est guère, autour de Paris, de forêts sans châteaux... Celles de Chantilly et d'Halatte cernent Senlis où, depuis les Romains, chaque époque a laissé sa trace; et le beau château de Chantilly, mouillé par l'eau de la Nonette. Des étangs et du sable, dont on a fait à Ermenonville un petit Arizona, attirent les familles.

Ermenonville et l'ancienne abbaye de Chaalis marquent, par l'évocation de Jean-Jacques Rousseau, la première étape d'un pèlerinage littéraire; en allant vers l'est, on passe à Racine et à La Fontaine, avec l'Orxois et le Tardenois, La Ferté-Milon et Château-Thierry. Aux limites de l'Oise et de l'Aisne, une autre grande forêt s'étire et se déchire en tous sens : celle de Retz, rehaussée elle aussi de hauts lieux : Villers-Cotterêts et son château, l'ancienne abbaye de Longpont, Crépy-en-Valois et ses vieux murs au cœur du célèbre Valois. On revient à l'Oise par la vallée de l'Automne : une rivière de perles, qui commence par le château de Vez et fait admirer une à une ses délicieuses églises de tous âges, dont Morienval n'est que la plus connue.

C'est maintenant la forêt de Compiègne, relayée de l'autre côté du Val d'Aisne par la forêt de Laigue, qui mène à l'abbaye d'Ourscamps. Ici encore, deux grands châteaux l'accompagnent : Compiègne, dont elle est comme le parc ; Pierrefonds, au pied duquel expirent ses dernières vagues. Et il faudrait enfin citer la forêt de Saint-Gobain, refuge d'anciennes abbayes, que semble encore défendre contre l'invasion pacifique des Parisiens le formidable chicot du donjon de Coucy, dont le sire ne craignait personne.

La forêt de Saint-Gobain est à sept lieues de Saint-Quentin et de Soissons, et borde la grande route qui relie Laon, Noyon, Amiens... Quels noms! Si la nature est riche en Picardie par le littoral et les forêts aux châteaux, que dire des villes, qui toutes ont leur cathédrale pour emblème? Des plus grandes nefs gothiques, les régions voisines ont bien un ou deux monstres sacrés; la Picardie a les autres. Et lesquelles! Notre-Dame de Laon et ses tours, figure de proue de la colline encore fortifiée où se juche «la vieille ville avec une cathédrale qui est une autre ville, dedans», comme disait Victor Hugo. Saint-Gervais-et-Saint-Protais de Soissons, nue et inachevée mais d'un tel élan, et à laquelle répond Saint-Jean-des-Vignes, façade ouverte, deux douleurs debout. La basilique de Saint-Quentin, au gigantesque chœur, dans une ville aux airs flamands. L'étrange Notre-Dame de Noyon toute de lignes droites, entre roman et gothique. Saint-Pierre de Beauvais la présomptueuse, si haute qu'elle s'effondra, et qui, moitié de cathédrale, a quand même le plus haut chœur de France. Notre-Dame d'Amiens enfin, joyau et couronne, la plus achevée, la plus parfaite des cathédrales gothiques : la plus grande aussi des églises françaises, mais dont la grandeur est bien ailleurs que dans la taille.

Tant de magnificence éblouit. Pourtant, à côté de ces vedettes, il reste bien des seconds rôles irréprochables : Saint-Germer-de-Fly et Gerberoy côté Bray; les églises du Clermontois et des bords du Thérain, où balbutia l'art gothique; celles de la vallée de l'Automne; celles du Laonnois; et surtout le curieux cortège des églises fortifiées de Thiérache, qui ne ressemblent à rien d'autre et ne se ressemblent pas.

La Picardie, une plaine à betteraves?

ROGER BRUNET

la Picardie
des bords de mer

◄ *Au Crotoy,
les bateaux
se contentent
de peu d'eau
pour flotter...*

▲ *Amorçant
le rempart de craie
de la côte normande,
la blanche
falaise d'Ault.*

*Cabines fraîchement repeintes, ►
chemins de planches
sur les galets :
Cayeux-sur-Mer est prête
pour la saison balnéaire.*

*Au nord de la Normandie
et de ses falaises de craie,
la Picardie présente à la mer
une côte basse,
que les flots ont frangée
d'immenses plages de sable,
de talus de galets
et de cordons de dunes.*

2. Picardie de la mer

*Inlassablement, les courants marins viennent déposer dans la baie de Somme
tous les matériaux dérobés au cours de leurs voyages,
comblant l'estuaire d'un envahissant tapis de sable et de vase que, peu à peu, gagnent les herbes.*

▲ La baie de Somme offre,
à marée basse,
de vastes étendues de sable
aux rides géantes.

▲ Terre et eau mêlées,
le pays des « mollières »
entre Le Hourdel
et Saint-Valery-sur-Somme.

◄ *La bécassine
au long bec,
un des gibiers
les plus
recherchés
des marais.*

*Paradis des oiseaux aquatiques
comme de ceux qui hantent les marais,
la baie de Somme est aussi celui des chasseurs :
tapis dans un étroit « hutteau »
ou à l'affût dans une confortable « hutte »,
ceux-ci guettent avec une infinie patience
la gent emplumée.*

La réserve ▲
de chasse
du Marquenterre
donne asile
au gibier
d'eau.

Oiseaux ▶
domestiques
ou artificiels,
appelants
vivants
et «blettes»
en plastique
incitent
les canards
sauvages
à se poser.

▲ *Quatre loges de guetteurs
entourent le campanile
du beffroi de Saint-Riquier.*

Entre Crécy et Rue, ▶
*dans la vallée de la Maye,
un village de campagne : Machy.*

*Derrière les « bas-champs » récupérés
sur la mer et patiemment drainés,
la Picardie déploie une campagne fertile,
coupée de vallées verdoyantes
où sinuent des rivières tranquilles.
L'art gothique l'a émaillée d'églises graciles
et de beffrois massifs,
et le XVIIIe siècle l'a parsemée
d'aimables châteaux rose et blanc.*

Jadis place forte, ▶▶
*aujourd'hui port de pêche,
Le Crotoy.*

▲ *Saturés de sel,*
les herbages des « mollières » offrent
aux moutons de la baie de Somme
les plus savoureux des « prés salés ».

De la Normandie à la Champagne, la paisible et verdoyante Picardie déroule, entre les métropoles géantes du Nord et de Paris, le relief calme, à peine ondulé, de ses collines de craie. Ce pays riche, fertile, aux rivières tranquilles et aux ciels pommelés, n'ouvre sur la Manche qu'une porte étroite, à peine large d'une quarantaine de kilomètres.

Le seuil de cette porte est un littoral plat, façonné par la mer avec des débris de craie et de silex. Autrefois, une haute falaise de craie bordait le rivage : elle est désormais en pleine terre, « falaise morte » usée, dégradée, réduite à l'état de talus. Rognant ici, bâtissant là, la mer, en jouant avec la terre, a bien des fois modifié le tracé de la côte. S'écoulant du sud vers le nord, un courant marin obstiné a frangé cette dernière d'un cordon de galets noirs, en partie recouvert de dunes, qui isole une plaine marécageuse. Lorsque le courant rencontre un estuaire comme la baie de Somme, qui échancre en son milieu la côte picarde, il le déplace vers le nord en grignotant sa rive exposée au midi — le « musoir » — et en édifiant sur l'autre une pointe — le « poulier » — qui s'allonge lentement.

Mollières, Bas-Champs et Marquenterre

Pris dans cette lutte éternelle entre les deux éléments, l'homme cherche à gagner du terrain, à agrandir et à stabiliser son domaine. Dans le fond ensablé de la baie de Somme, si peu profonde qu'on la traverse à pied à marée basse, les « mollières » prolongent insensiblement la mer : c'est à peine si elles dominent les hautes eaux. Inondées aux grandes marées, elles doivent leur richesse à la mer. Sur l'herbe drue, bleuie de sel, où l'eau suinte et sinue en un réseau de veines argentées, brillantes, paissent des troupeaux de moutons. Pour protéger ceux-ci, les Picards ont bâti des digues — les « renclôtures » — autour des prés salés. Des fossés — les « cliques » — facilitent l'écoulement des eaux saumâtres et forment un quadrillage irrégulier, coupé de petits ponts pour la circulation des bêtes.

Ce paysage marin frémit de vie. C'est l'eau qui court entre les touffes, avec la multitude d'animalcules qui l'habitent. C'est toute la mosaïque des fleurs de mer aux couleurs variées, depuis la très maritime spartina, dont les fins roseaux baignent presque continuellement dans l'eau, jusqu'au long triglochin aux feuilles charnues. Ce sont les moutons qui donnent les savoureux gigots de pré-salé, et tous les oiseaux migrateurs qui passent chaque année dans la baie.

De part et d'autre de l'estuaire, entre l'ancien et le nouveau littoral, Bas-Champs au sud et Marquenterre au nord étaient, jusqu'au début du siècle, soumis à tous les caprices de l'air, de la terre et de l'eau. Cette dernière apportait des bancs de galets, sur lesquels le sable s'entassait, formant des dunes parallèles au rivage ou des mamelons isolés, les « crocs ». Lorsque l'air, sous la forme d'un vent d'enfer, balayait furieusement la terre, les dunes se déplaçaient, recouvrant les maisons, envahissant les villages comme Saint-Quentin-en-Tourmont, où prêtre et fidèles durent un jour pénétrer par les hautes fenêtres dans l'église investie par les sables.

Aujourd'hui, oyats, chiendent et euphorbes fixent les dunes. Derrière celles-ci, on découvre un pays bocager. Au bord de la route, autour des pâtures, des roseaux pointus et des saules noueux rappellent l'omniprésence de l'eau. Dans les prés plantés de pommiers, au milieu des vaches noir et blanc, deux ou trois lourds chevaux gris pommelé, à la crinière blonde, évoquent les labours d'antan. On s'étonne devant les maisons isolées — c'est très rare en Picardie — et leurs longues façades basses, badigeonnées de blanc, qu'égaye la jolie touche de couleur d'un tombereau de pommes rouges ou vertes. Des multitudes de petits oiseaux piaillent dans les arbres, s'envolent brusquement et s'abattent d'un seul mouvement sur un champ. Peut-être est-ce la protection des dunes qui donne au paysage cette allure tranquille; la tension se relâche à l'abri des pinèdes, dans « ce doux pays plat et blond » évoqué par Colette dans *les Vrilles de la vigne*.

Une plage infinie de sable et de galets

Au sud de la côte picarde, dans les stations balnéaires les plus proches de la Normandie, à Bois-de-Cise, à Ault, à Onival, la falaise et la mer n'ont pas encore divorcé. Une haute muraille blanche, verticale, domine le rivage, échancrée de valleuses où se nichent les maisons. Au milieu des modestes façades de brique, qui évoquent plutôt des pavillons de banlieue, on découvre soudain le luxe incongru d'une villa 1900, aux pignons baroques et aux larges balcons de bois peint. Du fond de l'horizon, là où le gris bleuté de la mer se mêle au gris argenté du ciel, les vagues arrivent en larges bandes blanches.

À *Ault,* un casino moderne tient compagnie à la vieille église gothique, aux murs à damier de silex et de pierre blanche et au gros clocher carré. Bien abritée par la falaise, la plage de galets révèle, lorsque le flot se retire, une vaste étendue de sable fin.

À *Onival,* au nord du phare qui, au sommet du mur de craie, dresse sa lanterne à 106 m de hauteur, la falaise s'enfonce et disparaît insensiblement dans les terres. Délaissant cette « falaise morte », restons près de la mer et suivons la plage rectiligne qui s'allonge devant nous jusqu'à se fondre dans la brume. Le ciel emplit l'espace, ne laissant à la terre et à la mer que deux étroits rubans, moire verte pour la mer, laine chinée de brun, de beige et de vert pour la terre.

En remontant la Somme

En amont d'Abbeville, la Somme reste navigable jusqu'à Amiens et même au-delà. Dans sa vallée parsemée d'étangs et piquée de clochers de pierre, elle serpente nonchalamment parmi les roseaux et les peupliers. Les végétaux, en s'accumulant et en se décomposant pendant des millénaires, ont tapissé son sol d'un revêtement combustible, qui chauffa longtemps les foyers les plus pauvres : la tourbe. Le petit musée de Mareuil-Caubert, qui lui est consacré, montre comment la tourbe était jadis extraite à l'aide de « louchets », puis débitée et séchée. Les anciennes tourbières, aujourd'hui reconquises par les eaux, s'égrènent en un chapelet d'étangs aux formes géométriques : les « entailles ».

Dans ces pièces d'eau et dans les ruisseaux avoisinants, les pêcheurs trouvent du blanc, des brochets et des anguilles, tandis que les chasseurs peuvent louer, au bord des étangs les plus grands, une hutte pour guetter le gibier d'eau.

Sur les deux rives, à l'abri du vent des plateaux et de l'humidité des entailles, les villages s'étirent en longueur à flanc de coteau. Les églises de Fontaine-sur-Somme, de Cocquerel, de Long, de Bouchon dressent leurs flèches blanches sur un fond de verdure où, dans un désordre apparent, se mêlent ormes et marronniers, aulnes et pommiers. Ces longs clochers de pierre ajourée, aux arêtes ornées de crochets et de gargouilles, marquent la période finale du gothique flamboyant picard, quand les maîtres d'œuvre locaux cherchaient à renouveler un

→

▲ *Rectifiée, tirée au cordeau, frangée de peupliers, la Somme est devenue canal jusqu'à Abbeville.*

Près de Brighton-les-Pins, le cordon de dunes qui sépare le rivage des « bas-champs »
▼ *gagnés sur la mer.*

Fouettés par le vent fougueux qui rabat les cheveux dans les yeux et fait siffler les oyats sur la dune, enivrons-nous de lumière et d'air pur.

À *Cayeux-sur-Mer,* le sable dur n'apparaît pas non plus quand la mer est haute, mais, pour circuler sur l'immense plage de galets, un petit chemin de planches évite de se tordre les pieds. Derrière lui, 600 cabines, maisons miniatures peintes de couleurs fraîches, s'alignent face à la mer. Depuis la fin du XIXᵉ siècle, le vieux kiosque à musique égaye de ses concerts la florissante station balnéaire, classée « climatique » depuis 1928. Vertu bienfaisante du vent, de l'eau de source et du sable fin. Surmenés, fatigués, les citadins du Nord et de la capitale retrouvent ici et dans la petite station voisine de *Brighton-les-Pins,* dans la lande sauvage, leur énergie perdue.

À la pointe du « poulier » du *Hourdel,* un feu fixe marque l'entrée de la baie de Somme; il guide les sauterelliers (ici, on appelle « sauterelles » les crevettes grises) qui reviennent avec le flot vers le petit port, pittoresque avec ses filets qui sèchent au soleil, ses pêcheurs au visage buriné par les embruns, les odeurs de poisson qui l'imprègnent tout entier.

Toute différente est *Saint-Valery-sur-Somme,* dont la ville basse s'étale largement au fond de la baie, au pied d'une ancienne place forte médiévale bâtie sur un mamelon, face à la haute mer. À marée basse, rien ne bouge le long de la digue-promenade bordée de vieux tilleuls, qui s'étire jusqu'au port et au canal de la Somme. Les barques sont échouées ou se mirent dans l'eau calme du chenal. Plus loin, le

art déjà parvenu à son plus grand épanouissement.

Parmi toutes ces flèches pointues, l'église de *Liercourt* surprend : au sommet d'un escalier dont les marches irrégulières grimpent à travers le cimetière, son fin portail ouvragé s'ouvre dans un grand mur plat, au sommet duquel les cloches sont suspendues dans deux trous béants qui évoquent davantage le Mexique que la Picardie. Sur la colline qui domine le village, un fossé large de 22 m, flanqué d'une énorme levée de terre, complète la défense naturelle offerte par l'escarpement du coteau : c'est le retranchement du Catelis, le plus important oppidum de la Gaule Belgique. Les fouilles ont montré qu'il avait été occupé dès l'époque préhistorique. Lors de la conquête romaine, César, utilisant une voie détournée en pente douce, y hissa ses navires au sec en attendant le moment de tenter un débarquement outre-Manche.

Un peu à l'écart, sur la rive droite, le village d'*Ailly-le-Haut-Clocher* porte bien son nom : sa flèche d'ardoise s'élève à 58 m, tel un « doigt indiquant le ciel » (Chateaubriand). Sur le flanc droit, une tour octogonale loge le petit escalier qui monte aux cloches. La voûte de l'église, entièrement lambrissée, est égayée de peintures et de sculptures.

En amont, l'ancienne *abbaye du Gard* dressait ses ruines mélancoliques sur la rive gauche de la Somme. En 1967, les Frères auxiliaires du clergé ont occupé les bâtiments et ont entrepris de les restaurer. Fondée par les cisterciens au XIIᵉ siècle, rebâtie au XVIIIᵉ, vendue et en partie démolie pendant la Révolution, occupée au XIXᵉ siècle par des trappistes, abandonnée après la loi sur les congrégations, démantelée, l'abbaye renaît lentement à la vie.

De charmants châteaux de pierre et de brique rappellent que, au XVIIIᵉ siècle, de riches amateurs de pêche et de chasse appréciaient les ressources naturelles de cette vallée marécageuse. Le plus beau est probablement celui de *Long,* qui ajoute à la douceur d'un cadre aquatique l'harmonie de son grand toit mansardé et la parfaite ordonnance de sa façade à trois avant-corps.

Témoin d'une époque plus reculée, la forteresse médiévale de *Picquigny* domine fièrement la Somme de ses formidables remparts et de ses tours massives qu'envahissent l'herbe et les ronces. La « porte du Gard » et la vaste cuisine voûtée, les salles souterraines et les anciennes prisons nous remémorent la vie quotidienne et la puissance des seigneurs au temps où le pays était souvent mis à feu et à sang.

De la cour d'honneur, on découvre la vallée jusqu'à Amiens. En contrebas, sur une terrasse, dans l'enceinte du château, l'ancienne collégiale Saint-Martin, fondée par un sieur de Picquigny qui était vidame d'Amiens, allie un transept du XIIᵉ siècle à une nef du XIIIᵉ, un chœur du XIVᵉ et un clocher carré du XVᵉ. On peut y admirer deux dalmatiques brodées et un voile de pupitre du XVIIᵉ siècle, don de la marquise de Sévigné, qui séjourna au château en 1685, dans le pavillon qui porte encore son nom. ∎

milieu de la baie, délaissé par les basses eaux, est envahi d'une végétation rase, minuscule, comme si les plantes avaient décidé de ne pas grandir pour donner moins de prise au vent.

Encore entourée d'une partie de ses remparts, flanquée de la grosse tour de Gonzague, la ville haute s'étend de la porte de Nevers (XIVᵉ s.) à la porte Guillaume (XIIᵉ s.) dont l'ogive s'ouvre entre deux tours rondes jadis couronnées de mâchicoulis. Créée autour d'une abbaye, ravagée à deux reprises par les Normands, la ville connut son apogée au XVIIIᵉ siècle, avant que l'ensablement de la baie n'interdise son port aux navires d'un certain tonnage. Son importance était surtout due à l'importation du sel produit dans les marais salants vendéens. L'énorme entrepôt, le logement du receveur de la gabelle et la « sacquerie » où le matériel servant au transport du sel était entreposé sont toujours là. Si le château fort est réduit à l'état de vestiges et si les restes de l'abbaye sont devenus propriété privée, le visiteur se console avec la chapelle des Marins, qui abrite le tombeau de saint Valery et d'où la vue, embrassant la baie entre la pointe du Hourdel et Le Crotoy, se perd dans les lointains bleutés de la forêt de Crécy.

En face, sur la rive nord de la baie, *Le Crotoy,* rival de Saint-Valery, fut également un grand port avant l'envasement et une place forte où fut emprisonnée Jeanne d'Arc. C'est maintenant un petit port de pêche et une agréable station balnéaire qui se vante de posséder la seule plage du Nord exposée au midi. Jules Verne y

▲ *Flanqué d'une mince tourelle, coiffé d'une flèche d'ardoise, le clocher qui a valu son nom à Ailly-le-Haut-Clocher.*

La chasse en baie de Somme

Avec leurs vasières, leurs marais, leurs étangs et leurs canaux, les alentours de la baie de Somme sont un paradis pour la chasse au gibier d'eau, canards et oies sauvages, bécassines et bécasseaux, foulques et poules d'eau, sarcelles et vanneaux...

On chasse principalement à l'affût, dans une hutte si bien camouflée que l'on devine à peine ses « guignettes » (meurtrières). Construite en bois ou en ciment, elle est enterrée dans l'argile, au bord d'une petite mare où flottent quelques « blettes » (imitation en bois ou en plastique des oiseaux de passage). La plus petite est tout juste assez spacieuse pour abriter deux chasseurs qui, durant seize heures, veillent en se relayant toutes les deux heures. La plus grande est un véritable appartement souterrain comportant plusieurs pièces, un chauffage efficace et un ameublement confortable.

Beaucoup plus sportive, la chasse au « hutteau » utilise un abri mobile, fait de toile à bâche et de quelques piquets, que le chasseur plante au bord de l'eau, le déplaçant au gré des marées, et dans lequel il se blottit, assis ou à plat ventre. Sans crainte des courbatures, du froid et de l'humidité, il guette les pluviers dorés et argentés, les barges rousses ou à queue noire.

La chasse au gibier d'eau est ouverte des premiers jours du mois de juillet au milieu du mois de mars (les dates d'ouverture et de fermeture sont fixées chaque année par le ministère de l'Agriculture). Les périodes les plus favorables sont

→

écrivit *Vingt Mille Lieues sous les mers,* et Colette y passa l'été 1908. Dans la petite bourgade, les maisons de briques, peintes de couleurs vives, attendent le retour des « hénoniers », les pêcheurs de coques; armés d'un râteau et d'une vanette, qui laisse échapper les coquillages les plus petits, ils ramassent les « hénons » dans le sable de la baie. Pour 200 familles du pays, c'est la principale activité entre octobre et mars. Plus tard, comme dit le proverbe, « les hénons ne sont pas bons quand les aillots (jonquilles en picard) sont fleuris ».

Au nord du Crotoy, entre l'embouchure de la Somme et celle de l'Authie, sur une vingtaine de kilomètres, la plage frangée de dunes s'étire d'un seul trait de sable. À *Fort-Mahon-Plage,* sur les 2 km d'estran dégagés à marée basse, des chars aux voiles multicolores prennent le vent et s'élancent sur l'immense étendue de sable dur. Tous les ans, à Pâques, une épreuve internationale voit s'affronter ces voiliers des sables. Les autres loisirs offerts par la station appartiennent à la panoplie de toutes les villes de vacances : tennis, ball-trap, équitation, bowling, golf miniature, complétés ici par les plaisirs de la chasse et de la pêche dans la baie.

Les trésors cachés d'Abbeville

À 20 km de la mer, *Abbeville,* reliée à Saint-Valery par la Somme canalisée, est un port maritime. Fondée au IXe siècle par l'abbaye voisine de Saint-Riquier, terriblement éprouvée par la dernière guerre, c'est aujourd'hui une ville moderne, claire et gaie, qui n'a conservé que quelques-uns des trésors archéologiques que lui avait légués son passé. Pour les découvrir, il faut franchir le seuil de son musée, de sa bibliothèque, il faut parcourir ses rues, il faut sortir de la ville pour visiter l'aimable « folie » de Bagatelle.

Seule l'ancienne *collégiale Saint-Vulfran* exhibe les courbes, contre-courbes, entrelacs et volutes de sa haute façade flamboyante, couronnée d'un pignon ajouré et flanqué de deux tours carrées. Sous le gable aigu du portail central, on peut suivre l'histoire en images de la Vierge, sculptée dans le bois des beaux vantaux Renaissance. Au portail de droite, Marie-Cléophas, gracieuse dans sa riche parure, offre à un bambin un sein impudique et généreux, sous le regard de trois autres enfants accrochés à ses jupes. Le reste de l'édifice, très endommagé par les bombardements, est en cours de restauration.

Dans l'église du Saint-Sépulcre pleurent les visages de pierre étonnamment expressifs d'une Mise au tombeau du XVIe siècle. La bibliothèque de la ville renferme, en sus de ses 90 000 volumes, une très riche collection de manuscrits, comprenant notamment un remarquable évangéliaire carolingien du VIIIe siècle, aux lettres d'or sur vélin pourpre.

Deux tours, trois portails : la façade abondamment sculptée de Saint-Vulfran d'Abbeville
▼ *est digne d'une cathédrale.*

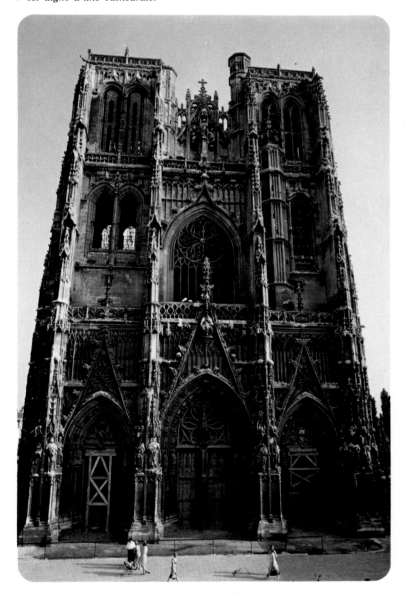

▲ *Pierres blanches et briques roses,
la «folie» de Bagatelle,
contemporaine de Louis XV,
à Abbeville.*

évidemment celles des grands passages (octobre-novembre et février-mars), mais surtout lors des grandes marées, quand les vagues, recouvrant les moindres bancs de sable, empêchent les oiseaux de s'y poser et les contraignent à se rabattre vers la terre. ■

Ces grands voyageurs qu'il faut protéger

La baie de Somme constituait jadis une halte privilégiée sur le trajet des oiseaux migrateurs qui passent l'hiver dans le Sud et la belle saison dans les pays nordiques. Aujourd'hui ces grands voyageurs semblent moins nombreux. Peut-être parce qu'ils éprouvent des difficultés croissantes à trouver leur nourriture dans les vasières peu à peu recouvertes par le sable; peut-être à cause de la perte du caractère sauvage de la baie; sans doute aussi en raison de la prolifération des chasseurs...

C'est pour éviter qu'ils ne disparaissent tout à fait qu'une réserve nationale de chasse a été créée, en 1968, sur la rive nord de la baie, près de la pointe à Guille. S'étendant jusqu'à la laisse de basse mer, elle s'enfonce dans les terres sur une profondeur de 5 km environ. À l'intérieur de ses limites, soigneusement balisées, toute chasse est interdite.

Depuis 1973, un parc ornithologique longe cette réserve. Dune de sable, pinède, marécage, pré salé : chaque oiseau peut y trouver nourriture et gîte appropriés, et y demeurer en toute quiétude.

À deux pas des fondations de l'ancien beffroi, le musée Boucher de Perthes rassemble des objets d'art profane et religieux (retable du XVe siècle, tableaux, gravures, faïences, mobilier et statues) et surtout des collections préhistoriques. Car c'est aux environs d'Abbeville que le célèbre préhistorien fit ses principales découvertes : ce pays de silex a conservé les outils de nos plus lointains ancêtres.

Au hasard des rues des Capucins, des Teinturiers, quelques façades, quelques portes finement sculptées retiennent l'attention. Miraculeusement épargnées par les bombardements, elles ne donnent qu'une faible idée de ce qu'a pu être la vie de la cité dans les siècles passés. En 1096, Abbeville était assez importante pour que Godefroi de Bouillon y rassemblât son armée pour la première croisade. Au XIIe siècle, elle obtint une charte et protégea aussitôt, par une double enceinte de remparts, une liberté que les puissants allaient lui disputer jusqu'au XVe siècle. Tour à tour bourguignonne, anglaise et française, elle subit les exactions des mercenaires italiens, wallons, flamands, anglais et espagnols.

Au XVIIe siècle, Colbert fit venir de Hollande un tisseur de drap, Josse Van Robais, qui fonda la manufacture royale des Rames. Celle-ci, dont il reste un grand château délabré, un énorme portail et quelques maisons ouvrières, enrichit la ville et ses propriétaires. Entre 1752 et 1754, l'un d'eux, Abraham Van Robais, se fit construire en dehors de l'agglomération une ravissante «folie» de brique rose et de pierre blanche, le *château de Bagatelle*. Château de poupée, alliant avec un goût exquis l'architecture classique et la décoration baroque, coiffé de combles à la Mansart et orné de flots de rubans et de guirlandes de fleurs. Le manufacturier y recevait amis, clients et agents commerciaux, menant, au dire de Voltaire, «train de prince». Aujourd'hui encore, pas une mauvaise herbe, pas une feuille morte ne viennent troubler la belle ordonnance du parc à la française. À l'intérieur du château, les courbes douces du mobilier, les fioritures des boiseries, la forme arrondie d'un salon, l'aigle superbe qui vole dans le ciel peint du plafond de la rotonde, chaque détail enfin concourt au luxe gracieux de l'ensemble.

Le Vimeu et ses églises

Au sud de la Somme, un vaste plateau où courent les tempêtes s'étend jusqu'à la Bresle où commence la Normandie : le Vimeu, un grand champ de betteraves tout plat, avec, au loin, une ligne d'arbres échevelés, tous penchés dans le même sens par l'insistance du vent. Ici et là une haie hirsute, jalonnée d'ormes noueux, un enclos autour d'un abri, quelques vaches grasses broutant placidement une herbe généreuse. Dans la perspective brune des sillons, un tracteur suivi du

cortège criard des mouettes voraces, un arbre étrangement solitaire. C'est tout, en apparence.

Puis la route s'enfonce entre de sombres talus herbus. Des murs de brique apparaissent dans une pâture, près d'une paire de marronniers : une ferme. Une autre, une autre encore : c'est un village. On y pénètre insensiblement. On le traverse : des maisons, toujours des maisons. On n'en finit pas de le quitter, il s'effiloche de partout. Après 5 km de plateau sans une seule construction, on arrive dans un autre village, presque le même. Il s'appelle Chépy, Woincourt ou Franleu : quelques fermes austères, repliées autour de leur tas de fumier où la volaille picore en liberté, et une quantité de petites maisons basses, mal rangées, séparées de la route par une mare ou par un bout de pelouse sauvage. Les plus anciennes — les plus pauvres — laissent souvent apparaître leur fragile ossature de bois sous le torchis ocre. Pour se protéger de l'humidité et de l'eau du ciel, le mur le plus exposé est recouvert d'ardoises ou de planches. On cherche les commerçants : on trouve une boulangerie, toute seule; à une centaine de mètres plus loin, le boucher. Encore trois douzaines de maisons : voici la vitrine illuminée de la boutique d'électroménager. Seuls signes de vie : les façades pimpantes, les briques peintes couleur brique, la voie publique parfaitement entretenue.

Où sont les habitants? À l'atelier, occupés à produire 85 p. 100 des serrures françaises. Industrie traditionnelle du Vimeu depuis le XVIIe siècle, la serrurerie se fit longtemps à domicile. Les artisans ont cédé la place à la petite entreprise, et d'autres fabrications — robinetterie, machines-outils — sont venues s'ajouter aux serrures. Les usines éparpillées dans la campagne sont desservies par l'autocar, et le soir ramène au village des ouvriers au visage rond, au cheveu châtain, qui paraissent aussi bien accrochés à la terre que leur église, solidement campée au centre du village.

La construction de la plupart des édifices religieux du Vimeu date de la période gothique. Seuls un portail, le baptistère d'*Airaines*, quelques piliers, une croix de pierre remontent à l'époque où les bâtisseurs romans, hantés par la menace du «croulement», n'avaient pas encore utilisé la croisée d'ogives qui permit à leurs successeurs d'élargir les nefs. Beaucoup de ces petites églises de pierre, commencées avant la guerre de Cent Ans, interrompues pendant les hostilités, furent achevées ultérieurement, parfois sur un plan remanié. Ainsi s'expliquent ces édifices à deux niveaux, comme à *Feuquières-en-Vimeu* : la nef, plus ancienne, est dominée par un chœur surélevé, de construction plus récente.

Cependant, peu de villages purent s'offrir le luxe d'une voûte de pierre, et beaucoup durent se contenter de poutres de chêne. Une magnifique charpente apparente soutient alors la toiture. La foi naïve et la païenne rusticité des sculptures s'y expriment par des sablières

Par ailleurs, un certain nombre d'espèces sont protégées en tous lieux. Aux alentours de la baie de Somme, on peut ainsi rencontrer des harles, qui se différencient des canards par leur bec pointu. Le tadorne peut également nicher dans les garennes des dunes littorales. Les bernaches et l'oie des neiges n'ont plus rien à craindre. Plongeons et grèbes, spatules et grues, mouettes, sternes, goélands et cormorans, cygnes et fous de Bassan doivent aussi être épargnés, comme tous les hérons.

De graves sanctions menacent les tireurs qui enfreignent la loi. On peut ainsi espérer que de nouvelles espèces viendront un jour se poser dans la baie tranquille, comme le font déjà les cigognes qui, de plus en plus fréquemment, font halte dans la région. ■

Histoires de la préhistoire

C'est en 1846 que Jacques Boucher de Crèvecœur de Perthes, président de la Société d'émulation d'Abbeville, entama la publication de ses *Antiquités celtiques et antédiluviennes* (traduisez : néolithiques et paléolithiques). Avant lui, les « antiquaires » picards avaient déjà découvert, dans les tourbières de la Somme et aux environs, les vestiges d'une très ancienne activité humaine, côtoyant parfois les restes de grands animaux (éléphants, hippopotames, rhinocéros), mais Boucher de Perthes eut le mérite de pousser la recherche et d'émettre des théories extrêmement audacieuses.

Après lui, d'autres firent de nouvelles découvertes dans les terrasses de la vallée de la Somme.

→

▲ *Entre Abbeville et Amiens, la Somme s'étale et forme de grands étangs qu'envahissent les plantes aquatiques.*

Dans la forêt de Crécy, où saint Riquier finit ses jours en ermite,
▼ *une haute futaie de hêtres.*

enguirlandées de feuilles et de fleurs, ou par des personnages grimaçants, comme à *Tœufles*.

Feu et sang

Au nord de la Somme, le Ponthieu ressemblerait fort au Vimeu si son centre n'était pas occupé par la magnifique *forêt de Crécy*, qui déploie ses frondaisons sur plus de 4 000 ha. Bien aménagée par les Eaux et Forêts, elle offre aux promeneurs à pied, à bicyclette, à cheval ou en voiture des kilomètres de hautes futaies de chênes et de hêtres, de charmes et d'ormes. Par-ci par-là, un fût vénérable dresse son imposante stature au milieu de la foule des arbres : l'« Éclaireur », le « Solitaire », l'« Ermite »... Près d'une mare ou au détour d'un chemin, on découvre la tombelle d'un guerrier gaulois; ailleurs, le menhir de la Longue Borne, qui servit de lieu de culte aux druides.

À l'orée de la forêt, *Crécy-en-Ponthieu* garde le souvenir de la dramatique bataille de Crécy, avec laquelle s'installa la guerre de Cent Ans : le 26 août 1346, le roi de France Philippe VI de Valois et son allié, le vieux roi de Bohême Jean l'Aveugle, attaquèrent le roi d'Angleterre Édouard III, prétendant à la couronne de France, qui s'était retranché au nord-est de la ville. La folle impétuosité des chevaliers français se brisa sur l'infanterie anglaise, pourtant très inférieure en nombre, mais plus disciplinée et appuyée par des bombardes. Les Français perdirent 20 000 hommes (dont le roi de Bohême), et les Anglais purent s'emparer de Calais.

Les Anglais étant à Calais, les Bourguignons dans les Flandres et les Français à Paris, la Picardie, plate et vulnérable, à peu près dépourvue de défenses naturelles, fut pendant plus d'un siècle transformée en champ de bataille. Villes et villages changèrent de mains au fil des chevauchées, on massacra hommes, femmes et enfants par villages entiers, on décapita les nobles en place publique. Cayeux et Saint-Valery furent victimes de la politique de la terre brûlée du roi de France. Au Crotoy, en 1430, les Bourguignons livrèrent Jeanne d'Arc aux Anglais. En 1475, Édouard IV et Louis XI signèrent enfin la paix, sur les bords de la Somme, derrière les murailles énormes du château fort de Picquigny.

En ces temps de barbarie, le pays connut encore d'autres tourments. En 1348, l'épouvante régna avec la peste noire, particulièrement meurtrière à Abbeville. Dix ans après, les serfs, écrasés de taxes et de corvées, se soulevèrent et incendièrent les châteaux : c'est en Picardie que naquit la Jacquerie. Et puis il y eut les années de disette : plusieurs fois les villes manquèrent de blé, tandis que, dans la campagne, des bandes de routiers torturaient les paysans et les dépossédaient de leurs misérables biens.

▲ *Les fresques qui ornent
la Trésorerie de Saint-Riquier
sont un des trésors
de l'ancienne abbaye.*

La civilisation dite « abbevillienne », vieille de quelque 500 000 ans (paléolithique inférieur), a laissé des coups-de-poing de silex à peine dégrossis, enfouis à 10 m sous terre. Millénaire après millénaire, l'homme perfectionna sa technique jusqu'à fabriquer de longs bifaces au tranchant effilé. À la fin de l'âge de pierre, l'homme du néolithique polissait adroitement le silex, qu'il extrayait de véritables mines, avec puits et galeries. ■

Pfaffenhoffen

À Vienne, en 1715, le comte de Pfaffenhoffen, secrétaire de l'empereur, et sa femme, la gouvernante des archiduchesses, eurent un fils qu'ils baptisèrent Siméon Georges. Une brillante carrière d'officier autrichien, terminée par une mort glorieuse sur quelque champ de bataille, semblait toute tracée pour le rejeton d'une aussi noble famille. Pourtant, il devint sculpteur en Picardie et s'éteignit dans son lit en 1784.

À trente-cinq ans, en effet, la carrière militaire du jeune baron de Pfaffenhoffen fut brutalement interrompue par un duel où il tua son adversaire, ce qui était passible de la peine de mort. Réfugié en France, il s'arrêta à Saint-Riquier, où les charmes de la fille du notaire le retinrent. Tous ses biens ayant été confisqués, il se fit sculpteur pour gagner sa vie; s'établissant à Abbeville, il épousa la demoiselle Hourdel, à qui il donna sept enfants, et laissa à l'abbaye de Valloires un merveilleux ensemble de sculptures baroques. Où apprit-il à manier avec

*Au-dessus du portail central
de l'église de Saint-Riquier,
la profusion décorative
▼ du gothique flamboyant.*

Dentelle de pierre et costume de cour

Caractéristique de ces villes picardes où, dès le XIIᵉ siècle, les puissants surent pactiser avec les bourgeois au mieux de leurs intérêts réciproques, *Saint-Riquier,* au sud-est de la forêt de Crécy, somnole aujourd'hui au flanc du coteau où une abbaye vint s'installer au VIIᵉ siècle. La grandeur des vestiges du passé y surprend d'autant plus que la bourgade actuelle est modeste.

La grosse tour carrée du beffroi, d'abord, bien campée sur sa base de grès, mais allégée par son clocheton central et les tourelles qui flanquent ses quatre coins. Construite au XVIᵉ siècle, elle rappelle une époque où la ville, sérieusement menacée malgré sa muraille « aux cent tours », fut sauvée par l'héroïsme de ses femmes, qui se joignirent à la garnison pour repousser l'assaut de 2 000 lansquenets.

De l'abbaye carolingienne dirigée par un proche de Charlemagne, Angilbert, il ne reste rien. Au cours des siècles, les incendies, les pillages, la foudre et les guerres conjuguèrent leurs efforts pour détruire ses bâtiments que, chaque fois, les hommes s'acharnèrent à relever. Dans le cloître du XIIIᵉ siècle, dont il ne subsiste qu'une galerie qui traverse le croisillon droit de l'église, la superposition de plusieurs épaisseurs de cendres et de sols carrelés témoigne de cette volonté obstinée de faire face à l'adversité.

Commencée au XIIIᵉ siècle, l'ancienne église abbatiale fut surtout élevée au XVᵉ et au XVIᵉ siècle et, avec sa statuaire exubérante, elle se présente comme un magnifique exemple du style gothique flamboyant. La façade est dominée par une grosse tour carrée très ornementée, haute de près de 50 m et terminée par une terrasse. Deux étroites tourelles hexagonales, finement nervurées, s'y appuient et encadrent le portail central, entouré de grandes statues des douze Apôtres et ciselé comme un reliquaire.

Après une telle débauche décorative, l'intérieur de l'église surprend par l'harmonie tranquille de ses proportions. Restée à ciel ouvert pendant deux siècles, la large nef y a gagné la douceur de sa patine rosée, due au ruissellement des eaux sur le calcaire. Un bel orgue du XVIIIᵉ siècle, restauré, permet de remarquables concerts.

Séparé de la nef par une grille ouvragée, le chœur évoque davantage un élégant salon du XVIIᵉ siècle que la rigueur monastique. Au centre, le maître-autel séduit par les couleurs délicates de ses panneaux fleuris en marbre de Toscane. Tout autour, les stalles de bois sculpté des 68 moines respectent la hiérarchie : elles offrent des sièges plus spacieux au père abbé et au prieur. Face au portrait de l'abbé Charles d'Aligre, auquel Saint-Riquier doit son aspect actuel, on comprend le luxe du chœur et la richesse de la décoration : la perruque poudrée et le raffinement du costume appartiennent sans conteste à un homme de cour.

un tel talent la gouge et le ciseau? Quelle est l'étendue réelle de son œuvre? Nul ne le sait. Boiseries de la maison de son beau-père à Saint-Riquier, statues dans la chapelle de l'hospice de la même localité, portes sculptées à Abbeville, statues au musée Hohenzollern de Potsdam... Autant de manifestations d'un art achevé et délicat, où les angelots chrétiens évoquent étrangement des amours païennes et où la foi en l'homme transparaît au moins autant que la croyance en Dieu. ■

Les souterrains-refuges de Naours

Lorsque les défenses naturelles font défaut, il faut en créer d'artificielles si l'on entend conserver sa liberté et ne pas tomber

▲ *La chapelle de l'hospice et l'hôtel de ville de Rue, avec son gros beffroi hérissé d'échauguettes.*

aux mains du premier ennemi venu. Les immenses souterrains-refuges de Naours, creusés dans la craie d'une falaise à l'est du Ponthieu, symbolisent parfaitement la défense opiniâtre qu'opposèrent les Picards aux envahisseurs.

À une trentaine de mètres de la surface du plateau qui domine le village, sous des moulins à vent dont deux ont été reconstitués, les « muches », comme on les appelle ici, pouvaient abriter plus de 3 000 personnes. Abandonnées à la fin du XVIIIe siècle, en partie comblées, murées en 1825, elles ont été rouvertes à la fin du XIXe siècle, déblayées, explorées par les habitants du village, curé en tête. On n'a dégagé qu'une partie de l'énorme réseau souterrain : une trentaine de galeries, courant sur près de 3 km et desservant quelque 300 chambres, →

Derrière une arcade ajourée, le foisonnement des voûtes flamboyantes dans la chapelle
▼ *du Saint-Esprit, à Rue.*

On ne quittera pas l'église sans monter à la Trésorerie, dont l'impressionnante porte blindée protège, outre une intéressante collection d'objets d'art religieux, une fresque remarquable : sous deux grandes peintures figurant le *Dict des trois morts et des trois vifs*, une véritable bande dessinée du XVIe siècle, haute en couleur et sous-titrée en vieux picard, relate avec verve les miracles réalisés par le saint patron de l'abbaye.

À l'ouest de la forêt de Crécy, en plein Marquenterre, *Rue*, dont le beffroi carré s'élève aujourd'hui à 6 km à l'intérieur des terres, fut un important port maritime jusqu'au XIVe siècle, et son histoire est liée à la mer : en 1101, un pêcheur découvrit dans une barque échouée sur la grève un mystérieux crucifix en bois de cèdre polychrome. Convaincus qu'il s'agissait d'une relique miraculeusement portée par les flots depuis la Palestine jusque chez eux, les habitants de la ville vénérèrent. Très vite les pèlerins accoururent. L'affluence fut bientôt telle qu'il fallut construire une maison hospitalière pour les accueillir : rebâtie à plusieurs reprises au cours des âges, c'est aujourd'hui un hospice dont la chapelle, du XVIe siècle, possède une belle voûte de bois évoquant la carène d'un bateau renversé.

À la fin du XVe siècle, l'église paroissiale parut trop modeste pour honorer le Crucifix. La générosité des pèlerins et des princes en mal d'indulgence céleste permit d'ériger, dans le style gothique flamboyant le plus luxuriant, l'extraordinaire chapelle du Saint-Esprit. Dans une prodigieuse dentelle de pierre, des scènes bibliques et profanes s'enchevêtrent au milieu de feuilles de vigne, de chardon ou de chou où courent insectes et limaçons. Plus étonnantes encore que les voussures du portail et du narthex, les trois clefs de voûte pendantes de la chapelle se découpent en un foisonnement exubérant, une profusion joyeuse de sculptures et de décorations. À droite de la chapelle s'élève la Trésorerie, composée de deux salles superposées et décorées de sculptures d'une admirable délicatesse. Devant tant de fantaisie et de liberté, les inconditionnels de la modération romane eux-mêmes ne peuvent s'empêcher d'être séduits.

Puissance de robe

Saint-Vulfran d'Abbeville, Saint-Riquier, chapelle du Saint-Esprit à Rue : la démesure dans la richesse ornementale du gothique flamboyant picard confine au baroque. Le vent de folie qui souffle du ciel n'épargne pas l'art religieux, et sous les apparences les plus austères se cache toujours la passion.

Le contraste est particulièrement frappant à l'ancienne abbaye de *Valloires*, où les ferronneries échevelées de Jean Veyren, les boiseries fleuries et les sculptures débordantes de vie de Pfaffenhoffen sont

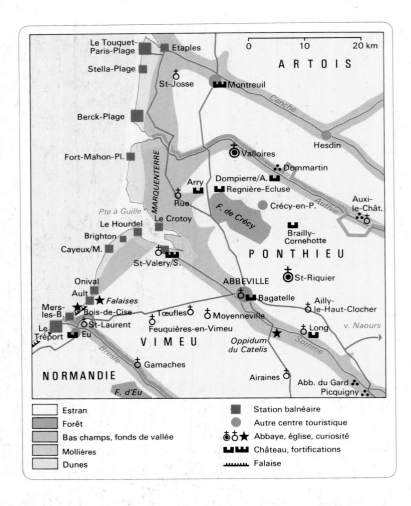

Légende de la carte :

	Estran
	Forêt
	Bas champs, fonds de vallée
	Mollières
	Dunes
	Station balnéaire
	Autre centre touristique
	Abbaye, église, curiosité
	Château, fortifications
	Falaise

des places publiques, trois chapelles, des entrepôts, des étables et des écuries, avec des auges, des ferrures, des anneaux... et des ossements.

Éclairés par des « créchets » — petites lampes à huile posées dans des niches encore visibles dans la muraille —, les hommes ne restaient pas inactifs : les rouets, les outils et les ustensiles domestiques découverts dans les grottes évoquent les occupations quotidiennes des paysans terrés. Pour s'aérer et se chauffer sans donner l'éveil (été comme hiver, la température ambiante est de 9 °C), les troglodytes avaient foré des cheminées dont les conduits, ingénieusement coudés, sortaient de terre en des lieux peu fréquentés, voire à l'intérieur d'une maison.

Quel âge ont les souterrains de Naours? On l'ignore. Les premiers documents ne remontent qu'au XIVe siècle. L'opinion la plus répandue est qu'ils furent creusés à la fin du IXe siècle, lors des invasions normandes, mais certains leur attribuent une origine gallo-romaine. Toutes les grandes flambées de violence qui embrasèrent le pays y ont laissé leur trace, sous la forme d'objets variés enfouis dans le sol, depuis l'époque normande jusqu'aux guerres de Religion. Vestiges des plus récentes occupations : le dépôt de sel dissimulé par les faux sauniers du XVIIIe siècle à la vigilance des gabelous, les graffiti gravés dans la craie par des soldats anglais entre 1916 et 1918, les maçonneries, ventilateurs et groupes électrogènes abandonnés par Rommel dans ce poste de commandement secret du mur de l'Atlantique. ■

enfermées dans des bâtiments de pierre et de brique d'une grande sobriété. Sur la pente douce d'un coteau de la vallée de l'Authie, qui sépare la Picardie du Pas-de-Calais, le site offrait aux cisterciens du XIIe siècle des forêts à défricher et une multitude de poissons de rivière et d'étang pour varier leurs « maigres » repas. Des bâtiments où furent transportés les corps des victimes de Crécy, il ne reste qu'un pan de mur de l'église du XIIIe siècle, percé de deux fenêtres ogivales. Au milieu du XVIIIe siècle, les efforts conjoints d'un abbé commendataire, Mgr d'Orléans de La Motte, évêque d'Amiens, et d'un Picard, dom Commeau, permirent d'édifier l'abbaye, qui est aujourd'hui convertie en préventorium pour enfants.

Dans la vaste cour d'honneur en fer à cheval, garçons et filles égaient de leurs jeux la monotonie de la construction monastique. Mais, dès le seuil franchi, plus besoin de cris d'enfants pour sentir palpiter la vie. À la raideur des façades répondent les élégants lambris de la salle capitulaire; à la sévérité des frontons triangulaires s'opposent le luxe d'un dallage de marbre, la majesté d'un escalier aux amples ferronneries. Saint Bernard n'aurait pas reconnu les siens dans les vastes cellules aux alcôves encadrées de boiseries sculptées.

Même opposition, dans la chapelle, entre la modestie de l'aspect extérieur et la richesse de la décoration intérieure. Les grilles du chœur, légères, délicates, dressent vers le ciel blasons, corbeilles de fruits et fleurs de tournesol. Le fond de la nef est occupé par un buffet d'orgue digne d'une cathédrale : des angelots rient ou pleurent, des enfants frappent sur une enclume, d'autres jouent de la harpe, et des atlantes musclés soutiennent la partie supérieure, dominée par un roi David triomphant. Au-dessus de l'autel de marbre gris, encadré d'anges en plomb doré, s'épanouit un palmier en fer forgé. Inspiration spirituelle et réalisme profane s'entremêlent si harmonieusement qu'il paraît vain de chercher à déterminer la part de chacun...

Sur la rive de l'Authie, les prémontrés avaient également su trouver un site très agréable de bois et de vallons pour édifier, en 1153, l'*abbaye de Dommartin*. Aujourd'hui, sous le ciel immense où les nuages filent si vite, balayés par le vent marin, il n'en reste à peu près rien : un portail majestueux qui menace de s'écrouler à la prochaine

tempête, des bâtiments de pierre et de brique du XVIIe siècle, devenus propriété privée, et, dans une prairie, quelques pierres qui donnent une idée de la grandeur de l'église gothique, dont deux très beaux chapiteaux sont conservés au musée d'Amiens.

Puissance d'épée

Hobereaux de petite et de grande lignée, riches bourgeois et maîtres de manufactures mirent le même soin que les moines à choisir leurs lieux de résidence. À l'austérité immense des plateaux, ils préférèrent toujours le moutonnement d'un revers de coteau, l'orée d'une forêt, le bord d'une vallée, où ils trouvaient à la fois un abri contre le vent, un paysage agréable à contempler et des terrains de chasse et de pêche inépuisables. Au nord de la forêt de Crécy, les bords de la Maye et la vallée de l'Authie offraient tous ces avantages : rien d'étonnant à ce que l'on y trouve autant de demeures des siècles passés.

Vers l'ouest, non loin de Rue, sur un mamelon dominant la Maye, le château d'*Arry* dresse, derrière un parterre à la française, sa belle façade Louis XV où la brique se marie harmonieusement à la pierre. Le pavillon central à pans coupés, couvert d'un haut toit formant dôme, est flanqué de deux ailes en retrait d'un style très pur.

Un peu plus loin, après *Bernay-en-Ponthieu* dont l'ancien relais de poste du XVe siècle est toujours debout, à l'orée de la forêt de Crécy dont les arbres se confondent avec ceux de son parc, le très vaste château de *Regnière-Écluse* ne manque pas d'allure. Édifié sous la Renaissance, il fut rebâti en grande partie sous Napoléon III dans un style néogothique assez imposant, avec de longues lucarnes monumentales qui accentuent la verticalité de la haute toiture d'ardoises bleues.

Au sud-est de Crécy-en-Ponthieu, le petit château de *Brailly-Corne-hotte*, construit entre 1770 et 1775, est attribué à Gabriel, l'architecte du Petit Trianon et de la place de la Concorde à Paris. Ses deux façades sont très différentes. Côté cour, le corps de logis, flanqué de deux ailes en retour, est agrémenté d'un avant-corps plat en pierre blanche, couronné de balustres et décoré de motifs Louis XVI. Côté parc, la façade est rectiligne, et l'avant-corps arrondi est orné de pilastres ioniques.

Plus au nord, à *Dompierre-sur-Authie,* une élégante façade de brique du XVIIe siècle est accolée à une épaisse tour de pierre du XVIe siècle dont l'aspect est encore très médiéval. En amont, à *Auxi-le-Château*, il ne reste que des vestiges de l'édifice qui donna son nom au bourg, mais la grande église gothique, de style flamboyant, a des voûtes admirablement travaillées...

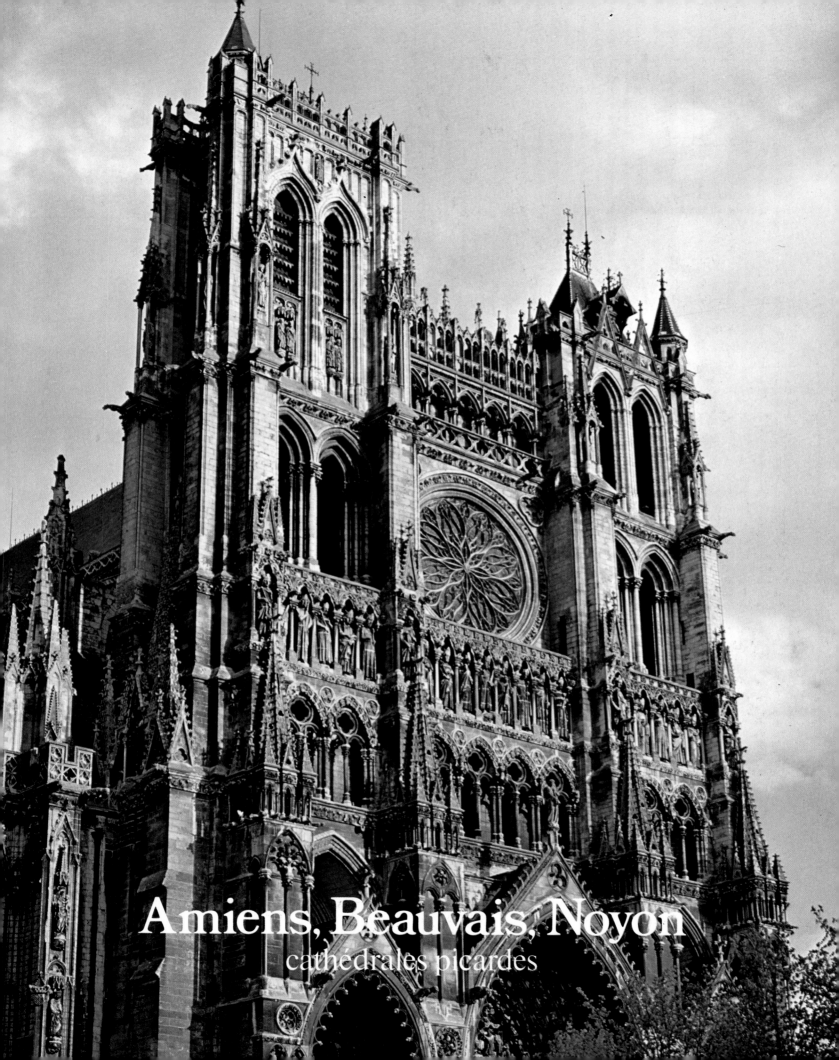

Amiens, Beauvais, Noyon
cathédrales picardes

◄ *La façade occidentale
et ses tours réunies
par une galerie très ajourée.*

*Sous la grande rose, ▲
la galerie des Rois abrite
22 statues colossales.*

Construite d'un seul jet au XIIIe siècle, la cathédrale Notre-Dame d'Amiens
est le plus vaste, le plus harmonieux et le plus homogène des grands sanctuaires gothiques français.

Pour décorer
la cathédrale d'Amiens,
les sculpteurs médiévaux
ont fait surgir
de la pierre
une foule de personnages
majestueux
ou cocasses
qui animent cet édifice
aux imposantes proportions.

▲ Au-dessus des grandes effigies
des Apôtres, une multitude
de bienheureux peuple
l'archivolte du portail central.

Chef-d'œuvre de la statuaire ▶
du XIIIᵉ siècle,
le Beau Dieu d'Amiens
s'adosse au trumeau
du portail central.

Au portail du croisillon sud, ▲
*la Vierge Dorée a perdu
sa dorure, mais gardé
sa grâce souriante.*

Baignée de lumière,
l'immense nef
de la cathédrale d'Amiens
surprend par son ampleur,
sa sereine harmonie,
l'audace de sa conception,
la profusion de ses piliers
et la hauteur
de ses voûtes.

▲ À plus de 42 m de hauteur,
l'aérienne légèreté des voûtes
à la croisée du transept.

Une grille de fer forgé ▶
sépare le chœur de la nef dallée
de carreaux blancs et noirs.

La belle élévation ▶▶
à trois étages de la nef :
grandes arcades ogivales,
triforium ajouré et fenêtres hautes.

*L'imposante silhouette ▶
tronquée
de la cathédrale
domine de très haut
les toits de la ville.*

*Avec ses 48,20 m
de hauteur sous voûtes,
le chœur est le plus élevé
qu'ait édifié l'art gothique.
▼*

*Si la cathédrale
Saint-Pierre de Beauvais
était terminée,
elle serait la plus grande
et la plus haute
de toutes
les églises gothiques,
mais sa conception
était trop audacieuse,
et sa nef ne fut jamais
construite.*

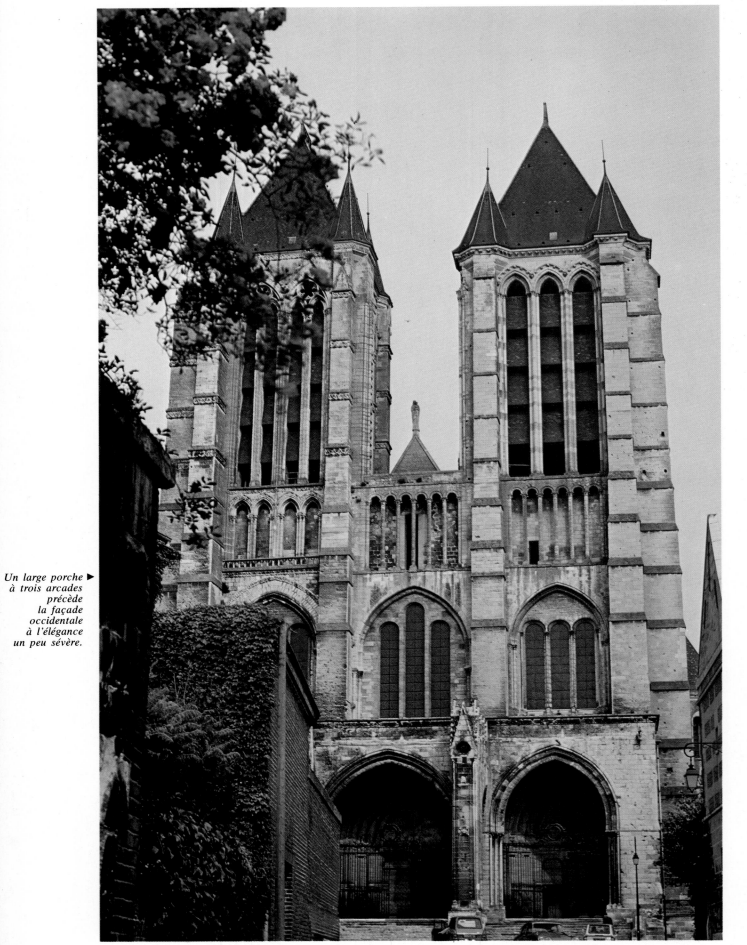

*Un large porche ▶
à trois arcades
précède
la façade
occidentale
à l'élégance
un peu sévère.*

*La tribu...
aux balco...
de fer for...
qui surmon...
les collatérau...
se prolong...
dans le transe...
et autou...
du chœu...*

*Cathédrale de transition, Notre-Dame de Noyon allie
aux dernières floraisons de l'art roman la vigueur d'un style gothique
dans toute la force de la prime jeunesse.*

▲ *Amiens : pittoresques mais vétustes,*
les maisonnettes qui bordent
les canaux du quartier Saint-Leu.

Sept chapelles rayonnantes
ceinturent le chevet élancé
▼ *de la cathédrale d'Amiens.*

« Il semble, disait Michelet, que toute l'histoire de France soit entassée en Picardie. » Fertile et cossue, la province fut en effet âprement et longuement disputée par les rois de France, les ducs de Bourgogne et les rois d'Angleterre. Plate, largement ouverte, elle fut en outre balayée par toutes les invasions. Cela ne l'empêcha pas de prospérer et de faire souffler sur le monde un esprit nouveau, foisonnant et complexe : l'art gothique.

À Amiens, la plus grande cathédrale de France

Amiens, capitale de la Picardie, est traversée par la Somme. Le fleuve paresseux s'y prélasse, se fractionne en multiples bras qui sillonnent les rues des bas quartiers et leur donnent un aspect pittoresque. Très éprouvée par les guerres, sinistrée à 60 p. 100 lors du dernier conflit, Amiens est aujourd'hui une ville moderne, au milieu de laquelle se dresse un prestigieux souvenir du passé : la cathédrale Notre-Dame, miraculeusement épargnée par les bombes.

D'où que l'on arrive, la cathédrale surgit au-dessus des toits d'ardoises comme un grand vaisseau de pierre blanche, avec sa mince flèche de plomb plantée en plein milieu, comme un mât.

Pour John Ruskin, c'est une « bible de pierre », pour Viollet-le-Duc, l'« église ogivale par excellence ». Marcel Proust, la découvrant pour la première fois, ne cacha pas son admiration : « Vous ressentez, devant sa façade occidentale, éblouissante au matin, grassement dorée l'après-midi, rose et déjà fraîchement nocturne au couchant, une impression confuse mais forte, vous sentez que c'est une grande chose que cette ascension géante, immobile et passionnée. » Auguste Rodin, lui, s'écrie : « C'est une femme adorable, cette cathédrale, c'est une vierge. Quelle joie, quel repos pour l'artiste, de la retrouver si belle ! Chaque fois plus belle ! Point de confusion vaine, ici, point d'exagération ni d'enflure. C'est l'empire absolu de l'élégance suprême. »

On chercherait en vain une fausse note dans ce concert de louanges. Notre-Dame d'Amiens est sans conteste l'édifice où l'architecture gothique est parvenue à son complet épanouissement, celui où elle a atteint la perfection. Ce privilège, la cathédrale le doit au fait qu'elle a été édifiée à l'une des périodes les plus brillantes de notre histoire.

En 1206, le chanoine Wallon, retour de croisade, rapporte à Amiens une relique inestimable : un crâne attribué à saint Jean-Baptiste. Un objet aussi précieux mérite une châsse digne de lui. En 1218, un incendie détruit fort à propos la cathédrale romane où s'était marié Philippe Auguste; à sa place, les Amiénois vont élever un monument qui, par ses vastes proportions, surpassera tous ceux que l'on a édifiés jusqu'alors dans la région, à Paris, Arras, Noyon, Laon, Senlis... Les moyens ne manquent pas. Amiens, par son commerce et son industrie, est en pleine prospérité. Seigneurs, bourgeois et marchands contribuent à l'entreprise, et le roi Philippe Auguste apporte également son concours.

Morienval
et la vallée de l'Automne

L'Automne est une petite rivière qui court entre les deux pointes du croissant de la forêt de Villers-Cotterêts et longe celle de Compiègne avant de se jeter dans l'Oise. Des saules et des peupliers lui font une haie d'honneur, et sa vallée est jalonnée d'églises anciennes. Celle de *Largny-sur-Automne* date de la fin du XIIe siècle, avec un porche en charpente du XVIe et des boiseries du XVe, comme les fonts baptismaux. De l'abbaye de *Lieu-Restauré*, reconstruite au XVIe siècle, il ne reste guère que la nef et le transept de l'abbatiale, avec, sur la façade, une belle rose flamboyante. L'église de *Fresnoye-la-Rivière* a de belles boiseries, et celle d'*Orrouy* unit une nef et un clocher romans à un chœur de la fin du XVe siècle, orné de somptueux vitraux Renaissance. Quant à celle de *Béthisy-Saint-Martin*, elle est considérée comme l'une des plus anciennes églises gothiques de France (vers 1140).

Le « morceau de choix » de cette fresque n'est pourtant pas dans la vallée de l'Automne mais, tout à côté, à *Morienval*, un village accroché aux pentes de la brusque dépression d'un grand plateau calcaire. L'église romane est de toute beauté, avec ses trois clochers pointés vers le ciel. Ancienne abbatiale d'un couvent de bénédictines fondé par Charles le Chauve, elle date de la fin du XIe siècle et du début du XIIe. En 1122, on y amena les reliques de saint Annobert et elle devint le but d'un important pèlerinage.

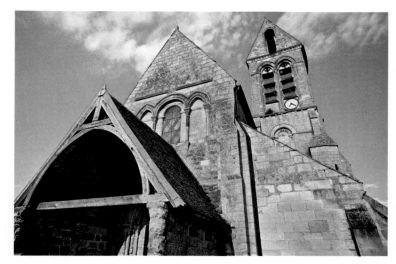

▲ *Depuis le XVIe siècle,*
un porche en bois précède l'entrée
de l'église gothique
de Largny-sur-Automne.

Pour réaliser cet ambitieux projet, il faut de l'espace : on déplace l'hôtel-Dieu, on reporte les remparts de la ville plus à l'est. L'auteur du plan de la cathédrale, Robert de Luzarches, profite des expériences de ses prédécesseurs et s'inspire de la cathédrale de Reims, entreprise quelques années auparavant. Il dirige les travaux à partir de 1220. Thomas de Cormont, puis son fils Renaud lui succèdent. Comme on tient à conserver le plus longtemps possible, pour les besoins du culte et le service du chapitre, la vieille église Saint-Firmin-le-Confesseur, les travaux commencent par la nef et non par le chœur, contrairement à l'usage courant au Moyen Âge. La construction va très vite. En 1269, à la fin du règne de Saint Louis, Notre-Dame d'Amiens est presque terminée : il ne manque que le dernier étage des tours. C'est à cette rapidité d'exécution qu'est due l'homogénéité exceptionnelle de l'édifice, et, malgré les adjonctions postérieures qui ne nuisent pas à l'ensemble, on peut y suivre l'évolution de l'architecture gothique depuis son apogée jusqu'à l'apparition du style flamboyant.

Une anthologie de la sculpture médiévale

Construite en calcaire crayeux provenant des carrières de Croissy, de Fontaine-Bonneleau et de Doméliers, dans l'Oise, et de celle de Beaumetz, dans la Somme, la cathédrale d'Amiens est la plus vaste des églises françaises : longue de 145 m, large de 70 m au transept, elle a 7 700 m² de superficie. En forme de croix latine, elle possède un transept nettement débordant, un chœur très développé et un chevet arrondi, sur lequel ouvrent sept chapelles rayonnantes, celle du milieu, dans l'axe du monument, étant plus profonde que les autres. Un plan simple, rationnel et typiquement gothique.

La façade occidentale, d'un dessin très pur, constitue l'un des plus beaux ensembles architecturaux que nous ait légués le Moyen Âge. Ses divisions verticales, correspondant à la disposition des trois nefs, sont soulignées par quatre contreforts élancés, ressemblant à des tourelles coiffées de flèches acérées. Précédé d'un large perron de quelques marches, le rez-de-chaussée est percé de trois grands portails dont les voussures sont si profondes qu'elles forment porche. Au-dessus, une première galerie ajourée correspond au triforium de la nef. Elle est surmontée d'une seconde galerie, dite « des Rois », ornée de 22 statues. Le quatrième niveau est celui de la grande rose, dont le remplage flamboyant date du XVIe siècle ; elle est flanquée de deux tours qu'allègent de grandes fenêtres en tiers-point. Au cinquième et dernier étage, une galerie, dite « des Sonneurs » et surmontée d'une claire-voie de pierre, relie le haut des tours. Sur le côté gauche de la façade, on a édifié au XIVe siècle, pour épauler la tour nord, un puissant contrefort, orné de 9 grandes statues.

On a souvent dit que les cathédrales étaient le « livre des illettrés ». Les sculptures foisonnantes qui ornent les portails constituaient jadis un enseignement pour le peuple. À Amiens, le thème iconographique de la façade montre, avec une clarté admirable, que tout émane de

C'est à Morienval que le style gothique aurait pris naissance. En tout cas, cette église abbatiale, modeste par ses dimensions, mais fort imposante par son allure, est célèbre par les voûtes de son déambulatoire, dont les croisées d'ogives, très archaïques, passent pour être les premières construites en Picardie, vers 1125. Le porche de la façade occidentale, du milieu du XIᵉ siècle, est surmonté d'un clocher carré à toit pyramidal. La nef, légèrement postérieure, était primitivement couverte en charpente : les ogives actuelles datent de 1652 et les bas-côtés ont été refaits, l'un au XVIIᵉ siècle, l'autre récemment. Le transept est du XIIᵉ siècle, ainsi que le chœur. L'abside, enfin, est encadrée par deux tours jumelles délicatement effilées. ■

▲ *L'église romane de Morienval et ses trois tours, coiffées de toits à quatre pentes.*

Cathédrale d'Amiens :
détail des stalles
en chêne sculpté
▼ *qui meublent le chœur.*

La légende de l'abbaye d'Ourscamps

Par ses restes imposants, l'abbaye d'Ourscamps, au sud de Noyon, laisse deviner son importance passée. En 1129, l'évêque de Noyon, Simon de Vermandois, fit don d'un domaine à saint Bernard de Clairvaux pour y fonder une abbaye. À cet endroit existait primitivement un petit prieuré, créé au VIIᵉ siècle par saint Éloi pour réunir quelques amis pieux. La légende raconte qu'un jour un valet, transportant sur un char à bœufs des pierres destinées à la construction de l'oratoire, fut surpris par un ours qui dévora l'un des bœufs de l'attelage. Saint Éloi condamna alors le fauve à occuper, sous le joug, la place du bœuf défunt jusqu'à l'achèvement du bâtiment. Le champ où l'ours

Dieu et que tout vient aboutir à Jésus-Christ. L'Ancien Testament est évoqué par les prophètes, qui, jusqu'en avant des contreforts, observent l'avenir et annoncent la venue du Sauveur. Le Nouveau Testament est figuré par les Apôtres, et l'histoire du christianisme par les martyrs, les confesseurs et les docteurs de la Loi.

Chef-d'œuvre de la statuaire médiévale, le grand portail central, dit « du Sauveur », est consacré au Christ. La célèbre statue du *Beau Dieu d'Amiens,* qui s'appuie au trumeau, est un des sommets de l'art gothique. Noble, majestueux, ce Christ bénissant rejoint les plus belles créations de l'art hindou, les lignes les plus pures du classicisme grec, les effigies impassibles de l'Égypte antique. Aux ébrasements, légèrement en contre-bas, se tiennent les douze Apôtres et les quatre grands prophètes. Au-dessus, sur le tympan, est représenté le Jugement dernier, et une multitude de personnages (ils sont 150) se pressent sur les voussures de l'archivolte.

Le portail de gauche est dédié à saint Firmin, évangélisateur de la Picardie et premier évêque d'Amiens. Celui de droite, dit « de la Mère-Dieu », présente une statue de la Vierge au trumeau, des scènes de sa vie au tympan, les Rois mages et diverses effigies aux piédroits. Sur le soubassement des trois portails et des contreforts court une frise composée d'une double série de médaillons en forme de quatre-feuilles, ornés de hauts-reliefs représentant, à droite, des scènes de la Bible, au centre, les Vertus et les Vices, à gauche, les signes du zodiaque et les travaux des mois.

Sur le flanc droit de la cathédrale, contre la tour sud, un portail secondaire, dit « de l'Horloge », est consacré à saint Christophe. Le portail de la Vierge Dorée, qui s'ouvre sur la façade du croisillon sud, est un des plus beaux de la cathédrale. La Vierge du trumeau — jadis dorée — date du XIVᵉ siècle, et elle n'a plus la majesté sereine de la Mère-Dieu. D'une beauté plus féminine, elle penche un peu la tête de côté et sourit d'un air avenant, qui lui valut, de la part de Ruskin, le qualificatif irrévérencieux de « soubrette ». Les Apôtres qui ornent le linteau ont le même charme, contrastant avec la gravité de ceux de la façade. Il est vrai qu'ils furent sculptés à une quarantaine d'années de distance, et les mœurs avaient évolué entre-temps.

La chapelle des Macchabées, construite hors œuvre au XVIᵉ siècle, sépare le croisillon sud de l'abside cernée de chapelles, hérissée de gables et de pinacles, et dominée par l'élégante flèche de bois, recouverte de plomb, autrefois doré, qui se dresse à 112 m de haut sur la croisée du transept.

Un vaisseau ample et harmonieux

Après la richesse décorative de la façade, la sobriété intérieure de la cathédrale surprend. La beauté incomparable de ce grand vaisseau ne provient pas de son ornementation, mais de son ampleur, du parfait équilibre de ses proportions, du prodigieux élan de la forêt de piliers qui porte les ogives des voûtes, de la hauteur des grandes arcades qui séparent la nef des collatéraux.

Culminant à 42,30 m, la nef est la plus haute de France. Au-dessus du triforium, séparé des arcades par un cordon de feuillage, de vastes fenêtres dispensent un éclairage d'autant plus vif qu'elles sont dépourvues de vitraux. (En dehors de quelques fragments, seules les trois rosaces, sur la façade principale et à chaque extrémité du transept, ont conservé leurs vitraux.) Les bas-côtés simples sont bordés de chapelles, ajoutées par la suite. Bas-côtés simples également dans le large transept, mais doubles dans le vaste chœur, fermé par une haute grille de fer forgé. Des dalles noires et blanches couvrent le sol de motifs variés, entourant un labyrinthe.

travailla avec soumission devint « Ourscamps » : la fantaisie de l'imagination au service de la toponymie…

Rien ne subsiste du prieuré de saint Éloi. De l'église cistercienne édifiée au XIIe siècle et agrandie au XIIIe, il reste les ruines du transept et du chœur. Les voûtes se sont effondrées, mais les arcades, les fenêtres en tiers-point et les croisées d'ogives dressent vers le ciel leur squelette de pierre, nostalgique évocation d'un sanctuaire qui devait être très beau.

Derrière, le magnifique bâtiment de l'infirmerie, élevé en 1260 et demeuré intact, sert maintenant de chapelle. Divisé par de minces colonnes en trois nefs d'égale hauteur, voûté sur croisées d'ogives et éclairé par une triple rangée de fenêtres et de roses, c'est un des

▲ *Squelette du chœur à doubles bas-côtés de l'église de l'abbaye cistercienne d'Ourscamps.*

plus beaux témoignages de l'architecture cistercienne.

Les bâtiments conventuels, reconstruits au XVIIIe siècle et précédés d'une belle grille, présentent une façade imposante. ■

En suivant la « chaussée » romaine

Jadis appelée « chaussée », l'ancienne voie romaine qui joignait Amiens à Paris est aujourd'hui délaissée. Sur ce plateau aux larges horizons, elle est pourtant plus pittoresque que les grands axes routiers, car elle est coupée de vallées et de bosquets, et jalonnée d'églises intéressantes à plus d'un titre. Celle de *Sains-en-Amiénois*, par exemple, qui recèle le tombeau du XIIe siècle, à trois gisants, de saint

→

Au fond de la nef, sous la rosace de la façade, une tribune en bois sculpté porte les grandes orgues du XVe siècle. Au niveau de la troisième travée, entre la nef et chacun des bas-côtés, on remarque les tombeaux en bronze, coulés d'une seule pièce, de deux des évêques qui participèrent à la construction de la cathédrale.

Le déambulatoire est séparé du chœur, au fond, par de magnifiques grilles d'époque Louis XV, et, sur les côtés, par des arcatures flamboyantes, encadrant des groupes de personnages polychromes. Ces sculptures, qui datent de la fin du XVe siècle et du début du XVIe, racontent, avec une vigueur étonnante préfigurant les modernes bandes dessinées, l'histoire de saint Firmin (à droite) et celle de saint Jean-Baptiste (à gauche). En face de la chapelle absidiale, une statue de taille modeste jouit d'une renommée mondiale : le charmant *Ange pleurant* de Nicolas Blasset, assis sur le tombeau d'un chanoine.

Le chœur, redécoré au XVIIIe siècle, contient un authentique trésor : l'ensemble de 110 stalles en chêne sculpté, exécutées aux frais du doyen Adrien de Hénencourt entre 1508 et 1522. Les huchiers les ont ornées de 400 petites scènes, d'inspiration religieuse pour la plupart, mais parfois profane et même osée en un tel lieu, où des milliers de personnages composent, dans un prodigieux décor flamboyant, une fresque débordant de verve et de virtuosité.

Du musée de Picardie aux hortillonnages

En dehors de la cathédrale, la ville basse d'Amiens possède trop peu de vestiges du passé pour qu'on puisse la baptiser « vieille ville » : un beffroi du XVe siècle, mais reconstruit à plusieurs reprises ; l'église Saint-Germain, également du XVe siècle, en cours de restauration ; l'église Saint-Leu, de style flamboyant, avec ses trois nefs et sa voûte en charpente ; l'hôtel des Trésoriers de France, construit sous Louis XIII (musée d'art régional) ; les façades Renaissance du bailliage d'Amiens et de la maison du Sagittaire, cette dernière accolée au logis du Roi, où logeait le gouverneur de la province.

Il ne faudrait pas en conclure pour autant qu'Amiens manque de sujets d'intérêt. Le très riche musée de Picardie possède d'intéressantes collections archéologiques et de belles toiles des écoles française et italienne des XVIIe et XVIIIe siècles. Mais, surtout, on peut y admirer un choix unique de peintures de l'école picarde, provenant de l'ancienne confrérie amiénoise du Puy-Notre-Dame. Cette association avait pour but d'honorer la Vierge par des poèmes et des œuvres d'art, et commandait chaque année, à un artiste en renom, une peinture sur bois destinée à orner la cathédrale. La plupart de ces œuvres ayant été détruites, celles qui subsistent (une vingtaine) n'en ont que plus de valeur.

Cathédrale d'Amiens : sur la clôture du déambulatoire, des personnages en pierre peinte
▼ *content l'histoire de saint Firmin.*

Fuscien et de ses compagnons, martyrisés au IVe siècle.

À l'est de Sains, le bourg de *Boves* est dominé par les ruines d'un donjon du XIIe siècle, et son église, qui ressemble à un grenier à fourrage du Grand Siècle, est ornée de quatre colonnes doriques assez surprenantes.

Les ruines d'un autre château — de la fin du XVe siècle celui-là — dominent le village de *Folleville*, dont l'église abrite deux magnifiques mausolées. Sous les voûtes richement décorées du chœur, une niche au décor flamboyant recèle les gisants de Raoul de Lannoy et de sa femme, tandis que, dans une niche voisine, leurs fils est agenouillé aux côtés de son épouse : la mode gothique des défunts couchés était passée avec la Renaissance.

Entre Folleville et Compiègne,

▲ *La guerre de Cent Ans n'a laissé subsister que le chœur de l'église du prieuré de Saint-Martin-aux-Bois.*

Petits jardins maraîchers cernés de canaux alimentés par la Somme et l'Avre,
▼ *les hortillonnages d'Amiens.*

trois communes dessinent un triangle équilatéral : Saint-Martin-aux-Bois, Ravenel et Maignelay. Leurs trois églises — et même quatre avec celle, toute proche, de Montigny, surtout remarquable par sa tour Renaissance — méritent que l'on s'y arrête.

L'église de *Saint-Martin-aux-Bois*, qui domine la plaine picarde, est une ancienne abbatiale construite au XIIIe siècle. Amputée de sa nef par un incendie, elle est presque aussi haute que longue, et son extraordinaire luminosité faisait dire à Henri IV que c'était « la plus belle lanterne de son royaume » : soutenue par ses seuls contreforts, l'abside est une véritable cage de verre. Le XVe siècle a orné le chœur de très belles stalles, et la Renaissance a doté la sacristie d'une jolie porte.

Le clocher Renaissance de *Ravenel* domine tout le pays du haut

Curiosité locale, les « hortillonnages », qui, sur quelque 300 ha, ont remplacé les marais qui s'étendaient jadis à l'est de la ville, sont des jardins potagers. Délimités par des canaux — les « rieux » — qu'alimentent les multiples bras de la Somme et de l'Avre, ces hortillonnages sont d'une incroyable fertilité.

De l'autre côté de la ville, à l'ouest, c'est la Selle qui alimente le vaste plan d'eau de la promenade de la Hotoie et les ruisseaux du parc zoologique, où tous les oiseaux aquatiques s'ébattent en semi-liberté, sous l'œil débonnaire des girafes.

À Beauvais, la plus haute cathédrale de France

Tout comme Amiens, Beauvais a été ravagée par la dernière guerre, qui anéantit, notamment, la célèbre Manufacture nationale de tapisseries ; mais, tout comme à Amiens, les bombes épargnèrent la

cathédrale. Celle-ci se dresse aujourd'hui au-dessus des toits d'une ville neuve, d'où émerge également, en contrepoint, la vieille église Saint-Étienne.

« Cathédrale de la démesure », Saint-Pierre de Beauvais peut s'enorgueillir de posséder le seul chœur de France qui, avec ses 48,20 m, dépasse en hauteur celui de la cathédrale d'Amiens. Avec les combles, l'arête du toit culmine à 68 m du sol. Parce que ses maîtres d'œuvre avaient voulu lancer un défi à la technique et aux lois de la pesanteur, ce prodigieux édifice, commencé en 1247, s'effondra une première fois en 1284. Recommencé, il resta finalement inachevé et se limite aujourd'hui au chevet, dessiné par Eudes de Montreuil, architecte de Saint Louis, et à un transept du XVIe siècle, ce qui lui donne une silhouette curieusement tronquée.

En 1548, une fois le transept terminé, l'architecte Jean Vaast aurait pu construire la nef. Il préféra édifier sur la croisée une flèche splendide, qui s'élevait à 153 m au-dessus du sol : d'une folle hardiesse, elle s'écroula au bout de sept ans, le 30 avril 1573, en endommageant sérieusement le transept. Ce nouveau désastre ne fut réparé qu'en 1576, et les crédits qui auraient permis de bâtir la nef y passèrent. On ferma le transept par une cloison, et l'on conserva la touchante nef de la « Basse-Œuvre », l'ancienne cathédrale carolingienne (bâtie de 987 à 998, c'est une des rares églises françaises antérieures au XIe s.), que l'on avait prévu de démolir pour faire place à la nouvelle. La Basse-Œuvre est bordée, au nord, par un cloître dont il subsiste deux galeries datant du XIVe siècle.

Remaniée, inachevée, amputée, la cathédrale Saint-Pierre n'en reste pas moins un chef-d'œuvre de l'art gothique. Ses proportions sont énormes : 72,50 m de long (sans nef!), 58 m de large. Le chevet, remarquable par son audace et son élégance, est entouré d'une forêt de piliers, d'où des arcs-boutants à double volée s'élancent vers des contreforts ornés de grandes statues des saints patrons de Beauvais.

Des deux magnifiques façades flamboyantes du transept, celle du sud est la plus riche en détails. Précédé d'un perron de 14 marches, le portail en tiers-point rappelle celui de Senlis. Martin Chambiges, qui y travailla, fut d'ailleurs appelé de Senlis en 1504. Les ventaux sculptés, de style Renaissance, sont dus à Jean Le Pot. De part et d'autre s'élèvent deux fines tourelles polygonales, décorées de niches, de frises fleurdelysées, de colonnettes déliées ; elles contiennent un escalier de 287 marches, et leur lanterne se termine par une magnifique couronne. Les statues ont disparu pendant la Révolution, mais les niches, le gable, les galeries à claire-voie, la rosace et le fronton à pinacle composent encore un bel ensemble.

La façade du croisillon nord est plus dépouillée, à l'exception des ventaux du portail, ornés des quatre évangélistes et de quatre docteurs de l'Église, sculptés par Le Pot dans le style gothique. Le

de ses 45 m. La façade de l'église, très sobre, date du XVIIIᵉ siècle, comme le chœur et les bas-côtés, mais la nef est Renaissance, ainsi que les fonts baptismaux.

À *Maignelay*, l'église, de style flamboyant, est précédée d'un porche polygonal à trois arcades, abritant un portail gothique à vantaux Renaissance. Les voûtes du chœur présentent une décoration foisonnante, et un splendide retable flamand en bois doré, à volets peints, orne l'autel du bas-côté droit. ∎

La Picardie dans l'histoire

Éternel champ de bataille, pauvre en défenses naturelles, la Picardie était émaillée de places fortes et de châteaux. Les rivalités des puissants et la fureur des combats se sont acharnées sur leurs murailles, mais il reste encore de nombreux témoignages du passé, et les hécatombes de la Première Guerre mondiale ont jalonné le pays de monuments du souvenir.

Au sud-est d'Amiens, *Montdidier* est le point extrême atteint par les Allemands lors de la bataille de Picardie, en mars 1918. Lorsqu'ils évacuèrent la ville, il n'en restait que des ruines. On a reconstruit l'église du Saint-Sépulcre, qui contient de belles statues du XVIᵉ siècle, et restauré l'église Saint-Pierre, au porche flamboyant.

Plus à l'est, *Roye*, camp retranché depuis les Romains, a conservé quelques vestiges de ses remparts médiévaux. *Ham*, sur la Somme, possédait, jusqu'en 1917, une puissante forteresse féodale où Louis-Napoléon Bonaparte, futur Napoléon III, fut écroué après son débarquement manqué à Boulogne. Les Allemands l'ayant fait sauter, le seul monument historique de la ville est l'ancienne abbatiale Notre-Dame, commencée dans le style roman, achevée dans le style gothique et surélevée au XVIIᵉ siècle.

Au confluent de la Somme et de la Cologne, *Péronne* a gardé une partie de ses remparts de brique et quatre des tours rondes de son château du XIIIᵉ siècle. C'est dans l'une de ces tours que le duc de Bourgogne Charles le Téméraire enferma le roi Louis XI, capturé par traîtrise.

En aval de Péronne, non loin d'Amiens, *Corbie* n'était pas une place de guerre, mais une cité religieuse, formée autour d'une abbaye et gouvernée par les abbés. La Révolution n'a laissé subsister du

▲ *Avec son pont-levis, la porte de Bretagne rappelle que Péronne fut longtemps une place forte.*

Encadrée par deux tourelles polygonales, la façade sud de la cathédrale de Beauvais, ▼ *ciselée comme une châsse.*

tympan porte un arbre aux écussons vides, où devait figurer la généalogie de la maison de France. On remarque d'ailleurs, aux contreforts, des fleurs de lys, des salamandres couronnées et des F, hommage rendu à la générosité de François Iᵉʳ.

Cinq escaliers conduisent jusqu'au faîte de la cathédrale et donnent accès à plusieurs escaliers secondaires, à des terrasses, à des chemins de ronde intérieurs et extérieurs.

Lorsqu'on pénètre à l'intérieur de la cathédrale, l'audace de la construction produit grande impression. Le chœur, dont les trois travées ont été renforcées par des piliers intermédiaires après le premier éboulement, est éclairé par un triforium vitré (un des plus anciens que l'on connaisse) et par des fenêtres hautes de 18 m et si rapprochées les unes des autres que les murs semblent se réduire à de minces colonnettes. Neuf chapelles rayonnent autour du déambulatoire. Triforium et hautes fenêtres se prolongent dans chacun des croisillons du vaste transept à trois vaisseaux, et une rose s'épanouit sur chacune des façades latérales. Les vitraux du transept sont pour la plupart du XVIᵉ siècle, ceux du chœur du XIVᵉ, ceux de la chapelle de la Vierge et des fenêtres hautes du rond-point du XIIIᵉ. Les verrières détruites par les bombardements ont été remplacées par des œuvres modernes de Max Ingrand, Barillet, Le Chevalier et Michel Durand. Jusqu'en 1974, chœur, déambulatoire et transept étaient en outre ornés de trois séries de magnifiques tapisseries. Celles du XVIᵉ siècle ont été exécutées à Beauvais, mais celles du XVᵉ sont flamandes, et celles du XVIIᵉ viennent de la manufacture des Gobelins. Cinq de ces pièces inestimables ayant été volées, les autres ont malheureusement dû être mises en lieu sûr jusqu'à l'installation d'un système de protection efficace.

Près du portail nord se trouve une horloge astronomique, chef-d'œuvre de précision mécanique. Datant de 1868, elle comprend 90 000 pièces et est animée par de petits personnages. À midi, le coq chante et les automates miment la scène du Jugement dernier. Les phases de la Lune, les marées, les levers et couchers du Soleil, les semaines et les mois sont indiqués par 52 cadrans.

Les vitraux de Saint-Étienne de Beauvais

À côté de la cathédrale, en face de la Basse-Œuvre, l'ancien palais épiscopal, devenu palais de justice, abrite le musée départemental (archéologie et beaux-arts). L'entrée, flanquée de deux grosses tours rondes à toit pointu, date du début du XIVᵉ siècle et a un aspect très féodal. Elle donne sur un jardin au fond duquel le bâtiment principal, gothique, possède une tour d'escalier polygonale, une chapelle en saillie et des lucarnes ornementées.

monastère que son entrée monumentale, datant du XVIIIe siècle, et deux de ses églises.

La région d'*Albert* porte encore les stigmates de la guerre de 1914-1918. Au nord de la ville, le circuit des champs de bataille évoque le souvenir des soldats britanniques tombés au cours de l'offensive de l'été 1916. Le monument de *Thiepval* porte les noms de 73 367 soldats anglais. Le champ de bataille de Beaumont-Hamel a été conservé, avec ses tranchées, ses avant-postes, ses parapets de tir, et on y a élevé un monument en l'honneur de la division canadienne de Terre-Neuve.

Tout près de là, à *Mailly-Maillet*, l'église possède un très étonnant portail flamboyant, surmonté d'un grand panneau sculpté et d'un oculus. À gauche du portail, un vaste haut-relief représente, en vraie

▲ *Flanqué de deux tours carrées et d'un clocher roman à flèche de pierre, le vaisseau sans transept de Saint-Leu-d'Esserent.*

Église Saint-Étienne de Beauvais : ce magnifique Arbre de Jessé *est l'œuvre d'Engrand Leprince,* ▼ *célèbre maître verrier du XVIe s.*

grandeur, la donatrice en prière sous une tente dont deux anges écartent les pans de toile.

Au nord d'Amiens, l'ancienne citadelle de *Doullens* a conservé des bastions de pierre datant de François Ier et des murailles de brique élevées par Vauban, et *Lucheux* possède la plus belle ruine féodale de Picardie : sur une colline dominant le village, remparts, portes fortifiées, donjon et chapelle entourent les gracieuses fenêtres géminées et les élégantes colonnettes d'une « grande salle » qui dut voir se dérouler bien des fêtes. ■

Le pays où naquit l'art ogival

Situé entre la forêt de Hez et celle d'Halatte, entre la Brèche et le

Si la cathédrale Saint-Pierre est inachevée, l'église Saint-Étienne est complète, mais composée de deux parties bien différentes et assemblées sans aucun souci de continuité : à une nef et à un transept roman, on a accolé, au XVIe siècle, un chœur beaucoup plus élevé, du plus beau style flamboyant. Quant à la grosse tour qui sert de clocher, elle est d'époque Renaissance, et son étage supérieur date du XVIIIe siècle. L'église est surtout célèbre pour les magnifiques vitraux du chœur, dus à une famille de peintres verriers beauvaisiens, les Leprince : Engrand Leprince, qui exécuta l'admirable *Arbre de Jessé* de l'abside, est considéré comme le plus grand artiste de la Renaissance dans cette spécialité.

Les anciens faubourgs de la ville, qui font maintenant partie de l'agglomération beauvaisienne, recèlent quelques monuments intéressants. Au nord-ouest, à *Notre-Dame-du-Thil*, c'est l'ancienne abbaye Saint-Lucien, dont il reste l'enceinte et une tour du XIIIe siècle. À l'est, à *Marissel*, c'est l'église à chevet plat, avec son absidiole en cul-de-four, son clocher roman et son portail flamboyant. Au sud-est, à *Voisinlieu*, c'est la maladrerie Saint-Lazare, la plus complète de France; fondée au XIe siècle, lorsque les croisés rapportèrent d'Orient la lèpre, agrandie au XIIe et au XIIIe, aujourd'hui transformée en ferme, elle comprend plusieurs bâtiments dispersés dans un parc : un pavillon d'accueil, une hôtellerie gothique, une énorme grange qui a conservé sa charpente d'origine et une grande chapelle romane avec clocher-tour.

À l'ouest de Beauvais

À la lisière de la Picardie et de la Normandie, un bourg coquet, *Saint-Germer-de-Fly*, possède, avec son église, un des témoignages les plus intéressants du style gothique primitif, encore fortement imprégné de tradition romane.

Neveu de saint Ouen, ancien lieutenant du roi Dagobert, Germer, seigneur normand, décida, vers 650, de fonder un monastère pour y finir ses jours. Après sa mort, ce monastère devint un lieu de pèlerinage et, par la suite, une école de théologie réputée. Il en reste une porte fortifiée (XIVe s.), le bâtiment d'entrée (XVe s.), l'abbatiale et une chapelle.

Commencée vers 1150, l'église paraît plus romane que gothique, les arcs-boutants étant dissimulés par les combles des tribunes (sauf ceux qui ont été ajoutés ultérieurement). Ces tribunes ont encore des arcs en plein cintre et des voûtes d'arêtes, alors que les bas-côtés qu'elles surmontent ont des arcs brisés et des voûtes d'ogives comme la nef. Certaines voûtes ont été refaites, mais les croisées d'ogives originales, encore très primitives, subsistent dans les deux premières travées de

Thérain, deux affluents de l'Oise, le Clermontois se trouve au cœur du pays où naquit l'art ogival. La plupart des églises ont été reconstruites au début du XIIIe siècle, en conservant des éléments importants des sanctuaires romans primitifs : ici une abside, là un portail, ailleurs un clocher. Cette juxtaposition des deux styles donne l'impression d'assister à l'éclosion d'un art nouveau.

Traversant de charmants paysages qui ont inspiré Corot, le Thérain arrose *Villers-Saint-Sépulcre*, dont l'église (XIIe, XIIIe et XVIe s.), modeste et rustique avec sa voûte en charpente, conserve, dans un des croisillons, derrière une grille en bois de la Renaissance, une Mise au tombeau en pierre polychrome.

En descendant le Thérain, on découvre, d'une rive à l'autre, l'église de *Saint-Félix*, celle de *Mouchy-le-Chatel* (XIIe, XIIIe et XVe s.), celle de *Mouy*, aux deux nefs latérales très basses, et celle de *Bury*, peut-être la plus belle de la vallée : la façade, avec ses portails en plein cintre et ses tourelles d'escalier à flèches recouvertes d'écailles, est du XIIe siècle, comme la nef dont les grandes arcades reposent sur des chapiteaux d'un style très archaïque. Le transept et le chœur, plus élégant, ont été rebâtis au XIIIe siècle.

Intéressantes également les églises de *Cires-lès-Mello* (XIIe s.) et *Saint-Vaast-lès-Mello* (XIIe et XIIIe s.), et celle de *Mello*, entièrement ogivale, avec, à l'intérieur, une galerie d'une rare délicatesse, courant à la base des voûtes de la nef. L'église de *Montataire*, voisine d'un manoir à tourelles, semble, avec son clocher fortifié, défendre l'entrée de la vallée. La nef est du XIIe siècle et le chœur, décoré de fines arcatures, du XIIIe. Au tympan de l'un des portails latéraux, on remarque une belle Annonciation du XVIe siècle.

L'église de *Cambronne-lès-Clermont*, entre le Thérain et la Brèche, n'a pas conservé grand-chose de la construction romane, en dehors du clocher octogonal.

Des remparts de l'enceinte de *Clermont*, pittoresque petite capitale de l'ancien comté, on domine de gracieux paysages, un horizon verdoyant, la vallée de la Brèche et celle de l'Arée. L'église Saint-Samson a perdu un peu de son unité, entre les remaniements du XVe siècle et les restaurations modernes, mais elle recèle une chaire très remarquable et plusieurs vitraux anciens, dont le plus beau représente un arbre de Jessé. Le monument le plus intéressant de Clermont est l'hôtel de ville gothique, couronné d'un lanternon formant beffroi.

Au sud du Thérain, sur les bords de l'Oise, le village de *Saint-Leu-d'Esserent* possède une église très remarquable, construite avec la fameuse « pierre de Saint-Leu », qui servit, notamment, à l'édification du château de Versailles. Appartenant autrefois à un prieuré dont il reste des salles souterraines et un cloître, cette église a les dimensions d'une cathédrale. Commencée au milieu du XIIe siècle, elle constitue l'un des plus beaux exemples du style gothique à ses débuts. La façade, précédée d'un porche surmonté d'une tribune et flanqué d'une tour à flèche de pierre, est encore très romane d'aspect, malgré la rosace ajoutée au XVIe siècle. ■

Un passage couvert relie l'église gothique de Saint-Germer-de-Fly à une Sainte-Chapelle
▼ *inspirée de celle de Paris.*

la nef, dans le chœur et dans le croisillon sud. Ce croisillon sud, qui abrite un beau saint-sépulcre en pierre du XVIIe siècle, présente une façade fermée, ornée d'arcatures aveugles en tiers-point et flanquée de deux tourelles octogonales ; le portail, de style roman, est déporté sur le flanc ouest.

Il ne reste que trois des cinq chapelles rayonnantes qui entouraient le déambulatoire. La chapelle axiale a été remplacée par une galerie voûtée, conduisant à une chapelle du XIIIe siècle. Postérieur d'une centaine d'années à l'église, ce remarquable édifice de l'âge d'or du style gothique est une réplique, en plus petit, de la Sainte-Chapelle de Paris. Une rose de toute beauté et 15 immenses fenêtres, garnies de vitraux du XIIIe et du XVe siècle, éclairent à profusion sa nef unique et son chœur à pans coupés.

Un peu plus au nord, dans ce même pays de Bray dont l'argile a alimenté une longue tradition de poterie, *Gerberoy*, un village de 130 habitants, se veut la « plus petite ville du monde » : le fait de posséder encore des armes (d'azur à trois gerbes d'argent) lui donne en effet droit au titre de « ville ». Ancienne place forte que plusieurs rois, dont Henri IV et Louis XIII, ont honorée de leur présence, ce n'est plus qu'une bourgade, dont les vieilles demeures couvertes de rosiers abritent une colonie d'artistes. De la première enceinte des fortifications, il reste les fossés ; de la seconde, une porte ogivale, sur la butte où trônait jadis le château. L'église Saint-Pierre, ancienne collégiale, se dresse au sommet d'un large escalier. Rebâtie au XXe siècle, elle a conservé de cette époque une salle capitulaire et les stalles qui garnissent le chœur carré, éclairé par une grande verrière en ogive. On peut y admirer de belles tapisseries, des boiseries et un autel Louis XV, un mobilier du XVIIIe siècle.

À Noyon, une cathédrale de transition

Comme Amiens et Beauvais, Noyon, vieille cité dont l'origine remonte à l'époque gallo-romaine, a été très éprouvée par les deux dernières guerres. Bien rebâtie, elle apparaît aujourd'hui comme une petite ville paisible, entourée de rivières et de canaux, au pied d'une colline verdoyante. Ses maisons de brique semblent se blottir autour de sa cathédrale Notre-Dame, dont la façade dépouillée illustre un moment unique dans l'art de bâtir, celui où le roman se fond dans le gothique, où la grâce et l'élan se mêlent à la puissance et à la gravité.

Notre-Dame se dresse à l'emplacement de sanctuaires plus anciens, tour à tour dévastés ou détruits. Retenons que le deuxième vit, en 768, Charlemagne coiffer la couronne de roi de Neustrie, et que, dans le troisième, en 987, Hugues Capet reçut l'oint du sacre. La cathédrale actuelle fut commencée vers 1150. Le chœur était achevé

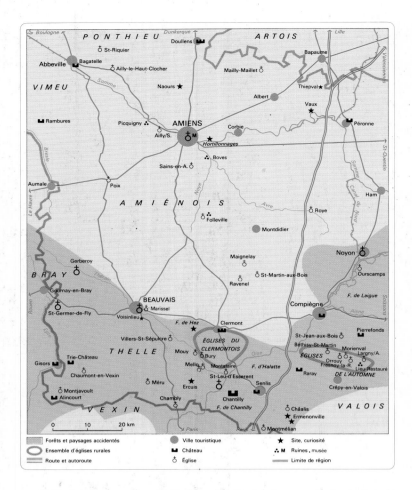

en 1160, le transept vers 1180, la nef à l'aube du XIIIᵉ siècle, la façade en 1231. La tour sud date de 1230, la tour nord du XIVᵉ siècle, comme les chapelles du collatéral nord. Les chapelles du sud, plus tardives, furent ajoutées jusqu'au XVIIᵉ siècle. Le plan, en croix latine, présente deux caractéristiques originales : une sorte de narthex à l'aplomb des tours et un transept très saillant, aux extrémités arrondies, dont les portails s'ouvrent non pas au nord et au sud, mais vers l'est, latéralement.

La masse puissante de la façade domine la petite place du Parvis, dont le gracieux hémicycle est bordé par les hauts portails des anciennes demeures des chanoines. Cette façade, d'une grande sobriété, est percée de hautes fenêtres en plein cintre, groupées par trois sous de larges arcades en tiers-point et surmontée d'une rangée de fines colonnettes. Elle est précédée d'un vaste porche à trois baies, épaulé par deux solides arcs-boutants. Deux tours carrées, hautes de 62 et 66 m, la dominent. Sur la gauche, la façade est prolongée par le long bâtiment bas de la salle capitulaire, percé de cinq élégantes fenêtres du XIIIᵉ siècle. Sous le porche, les trois portails ont été abîmés sous la Révolution : leurs sculptures sont complètement défigurées, comme celles des deux portails du transept.

En débouchant de la rue Saint-Éloi sur le derrière de l'édifice, on découvre le joli décor de l'abside, avec ses cinq chapelles rayonnantes, coiffées de toits coniques. À droite, dans le prolongement du croisillon nord, s'élève une curieuse construction à colombage, remontant aux premières années du XVIᵉ siècle et restaurée depuis la guerre : c'est l'ancienne librairie des chanoines, dont l'unique étage repose sur de rustiques piliers de bois. Communément appelée « bibliothèque du Chapitre », elle contient près de 4 000 volumes, dont le plus précieux est le célèbre évangéliaire de Morienval, datant du IXᵉ siècle et enrichi d'incomparables miniatures. Entre la librairie et la salle capitulaire, que rehausse une élégante tourelle d'escalier, l'ancien cloître n'a conservé qu'une seule de ses galeries à arcades gothiques, mais, avec son saule pleureur et son vieux puits, il ne manque pas de charme. De l'autre côté du chevet, sur le flanc sud de la cathédrale, bordé d'un jardin, les ruines de l'ancienne chapelle de l'évêché s'adossent aux restes de l'enceinte gallo-romaine.

L'intérieur de la cathédrale Notre-Dame de Noyon est un enchantement, une merveilleuse combinaison de l'ogive et du plein cintre. La plupart des vitraux ayant été détruits pendant la Première Guerre mondiale, il y règne une surprenante clarté. Étant la partie la plus ancienne de l'église, le chœur est presque roman, avec ses arcades en demi-cercle. Neuf chapelles donnent sur le déambulatoire, cinq d'entre elles rayonnant autour de l'abside, les quatre autres, de forme rectangulaire, bordant les parties droites. La nef compte dix travées, dont les croisées d'ogives retombent sur des piliers alternativement forts et faibles. Son élévation est de quatre étages : grandes arcades ogivales, tribunes à baies géminées et balustrades de fer forgé, triforium formé de petites arcades en plein cintre, et fenêtres hautes également arrondies. Cette disposition se prolonge dans le transept et autour du chœur.

Au fond du croisillon nord, un étroit passage donne accès au bâtiment des sacristies, construit au XIVᵉ siècle. On y a aménagé un petit musée, dont le joyau est le jubé polychrome du XVᵉ siècle, remplacé au XVIIIᵉ siècle par la grille de fer forgé qui ferme actuellement le chœur.

Malgré les destructions subies au cours des deux guerres mondiales, Noyon a conservé — ou rebâti — ses principaux édifices et quelques maisons anciennes. Derrière la cathédrale, au cœur de la vieille ville, la rue Saint-Éloi — le célèbre orfèvre, trésorier du roi Dagobert, fut évêque de Noyon — garde encore quelques nobles demeures. Dans la rue de l'Évêché, qui la prolonge, s'élèvent les restes de l'ancien palais épiscopal, composés d'un élégant pavillon Renaissance et d'un bâtiment de style Louis XIV entièrement reconstruit. L'hôtel de ville, édifié de 1485 à 1523 et remanié au XVIIᵉ siècle, a été restauré : il a retrouvé son beau fronton, avec ses deux lions accolés et son élégant clocheton. Quant à la maison natale de Calvin, de style picard médiéval avec ses pans de bois, elle a brûlé en 1918, et celle que nous voyons aujourd'hui n'est qu'une copie conforme. Elle meuble agréablement le fond de la place Aristide-Briand, ancienne place au Blé, et renferme un petit musée consacré au réformateur, dont le vrai nom était Jean Cauvin et dont le père était procureur du chapitre et greffier de l'évêché.

▲ *Il reste une galerie du cloître*
où se promenaient les chanoines
de la cathédrale de Noyon.

les cathédrales
de Haute-Picardie

◄ *Une grande clarté,*
des lignes pures et élancées :
le transept sud de l'église
de l'abbaye Saint-Léger de Soissons.

Laon, jadis capitale du royaume de France,
« vieille ville avec une cathédrale

qui est une autre ville, dedans »,
disait Victor Hugo.

Émergeant des toits gris ▲
du vieux Laon,
la majestueuse silhouette
de la cathédrale Notre-Dame.

▲ Les clochetons d'angle
▲ des tours de la façade occidentale
abritent de grands bœufs de pierre.
▲ De la galerie qui, plus bas,
réunit ces deux tours,
Notre-Dame veille sur la cité.

▲ Le chevet plat,
percé d'une immense rose,
et, à gauche,
la haute tour ajourée
du croisillon sud.

*Laon possède, avec sa cathédrale Notre-Dame,
l'un des plus remarquables sanctuaires que nous ait laissés
la première école gothique.*

*Malgré les destructions,
la cathédrale de Soissons a recouvré la magnificence
de son architecture gothique.*

6. Cathédrales de Haute-Picardie

Le croisillon sud, ▲
avec ses quatre étages d'arcades
supportées par de sveltes colonnes.

L'étrange façade dissymétrique ▲
et dépouillée de statues. ▲
Une seule tour a été achevée.

Une jolie Vierge en bois, ▲
habituellement placée
dans la sacristie.

▲ Le donjon de l'église de Prisces
pouvait abriter une centaine
de combattants.

▲ L'église de Burelles,
imposant édifice du XVIᵉ siècle
dépourvu de nef.

▲ L'église d'Archon,
avec ses tours rondes
et son auvent protégeant la porte.

▲ L'église de Plomion, une solide construction
de la fin du XVIᵉ siècle.

▲ Bancigny : un petit sanctuaire avec façade
à deux tourelles, dont une décapitée.

▲ L'église en pierre de Renneval,
fortifiée au XVIᵉ siècle.

L'église de Montcorn
presque entièrement rebâ
après l'incendie de 157

Églises fortifiées de la Thiérache.

◀ *L'ancienne collégiale de Saint-Quentin :*
à gauche, *le croisillon sud du petit transept (fin XVᵉ s.);*
à droite, *la statue de Notre-Dame la Bonne (XIVᵉ s.).*

▲ *Sur les remarquables fonts baptismaux*
de l'église de Jeantes,
une décoration naïve du Xᵉ siècle.

De la forêt d'Ardenne aux coteaux vignerons de la vallée de la Marne, la Haute-Picardie — qui correspond de nos jours sensiblement au département de l'Aisne, mais qui fut jadis commandée par Amiens — apparaît comme une mosaïque de pays, chacun doté de sa propre personnalité : le Laonnois, le Soissonnais, le Vermandois et la Thiérache. Pourtant, par-delà la diversité des paysages et même des modes de vie, ces pays ont en commun une histoire, faite de violences et de guerres, de drames et de déchirures, de domination et de soumission : Laon fut capitale carolingienne et Soissons capitale mérovingienne, avant que les rois ne choisissent Paris, à laquelle, depuis, la Haute-Picardie est restée subordonnée.

Ce lien suscita une éclosion architecturale comparable à celle de l'Île-de-France. Ainsi s'élevèrent de grandes églises, auxquelles les maîtres d'œuvre du Moyen Âge apportèrent leur génie. Du XIIᵉ au XVIᵉ siècle, l'art gothique s'exprima par des sanctuaires aux lignes élancées et hardies, aux volumes élégants, que, malgré les ravages des guerres, la Haute-Picardie a conservés jusqu'à nos jours.

Laon, « tête de royaume »

Là où se rencontrent les plateaux de l'Île-de-France et la vaste plaine crayeuse de Champagne et de Picardie se trouve le *Laonnois*. Au nord, des campagnes nues, des villages de culture. Au sud, des paysages de plateau, vigoureusement entaillés par de profondes et vertes vallées.

Campée sur sa « montagne claire », son « promontoire sacré » (une butte isolée, détachée du coteau d'Île-de-France), *Laon* (on prononce « Lan ») domine de plus de 100 m la plaine de Picardie. La petite table calcaire, qui couronne la butte, est truffée de grottes naturelles, qu'on appelle ici *creuttes*. C'est à cette situation élevée que la ville doit son passé. L'antique *Laudunum* (mot apparenté à celui de Lyon) fut capitale de France. Sous les Carolingiens, elle fut pendant plus de cent cinquante ans (741-895) la résidence préférée des rois, la « tête de royaume », avant de devenir leur capitale. Elle le demeura jusqu'en 988, quand le dernier Carolingien, Charles de Lorraine, en fut chassé par le futur Hugues Capet.

Après l'avènement des Capétiens, le palais royal continua d'être entretenu, ce qui donnait l'occasion aux souverains de revenir dans la cité et d'intervenir à leur gré dans ses affaires. Au début du XIIᵉ siècle, sous Louis VI le Gros, la ville se révolta contre les malversations de l'évêque Gaudry et du roi ; elle obtint ainsi l'une des toutes premières chartes communales de France. Puis l'apaisement se fit. Laon conserva quelque temps encore la faveur des souverains :

Louis VII y éleva un nouveau palais, que Philippe Auguste fortifia. Mais leur préférence se portait déjà vers la Seine et Paris. Alors vint la décadence. En 1594, la cité prit parti pour les ligueurs. Après un siège de deux mois, Henri IV força la résistance de Laon : il déplaça la généralité à Soissons, supprima la foire au vin, détruisit les halles et le beffroi, et bâtit une citadelle à l'extrémité orientale du plateau.

Dès lors, la ville perdit de son éclat. En 1790, l'évêché fut supprimé. En 1814, les armées alliées s'appuyèrent sur Laon pour combattre Napoléon. Occupée en 1870, puis de 1914 à 1918, envahie en 1940 et délivrée en 1944, la cité subit chaque fois de nombreux dommages, qu'elle s'est employée à effacer pour retrouver quelque lustre.

Un lumineux vaisseau

Laon, aujourd'hui préfecture de l'Aisne, s'est étalée au-delà des limites de son socle. Au pied de la montagne, en effet, se sont édifiés divers faubourgs, avec la gare, quelques industries et des habitations modernes. Mais le cœur de la cité demeure la ville haute, encore défendue par sa puissante enceinte, cantonnée de tours et percée de trois portes fortifiées. À l'extrémité du rempart du Midi, la porte d'Ardon, appelée jadis « porte Royée » (elle ouvrait sur le palais), est un bel édifice du début du XIIIᵉ siècle, avec toit en hotte. Sa grande arcade en tiers-point est enrichie de deux échauguettes à toits en poivrière, portées sur des contreforts et pourvues de meurtrières. C'est par elle que le roi Henri IV entra dans la ville. Par elle encore que le général Mangin arriva pour délivrer Laon le 13 octobre 1918. Dans la portion des murailles qui enferme la partie étroite du plateau s'ouvre la porte des Chenizelles, également du XIIIᵉ siècle et renforcée de deux tours. Quant à la porte de Soissons, de la même époque, elle s'élève désormais dans un calme jardin. Une courtine relie cet ouvrage, composé de deux tours semi-circulaires et d'une arcade centrale brisée, à la tour de Dame Ève, dite aussi « tour Penchée ».

Une flânerie au fil des remparts offre de superbes panoramas sur les alentours : les plateaux du Laonnois, hérissés de buttes, au sud, avec le célèbre Chemin des Dames; la forêt de Samoussy, à l'est; la vaste plaine vers la Belgique, au nord. On peut aussi suivre le pied des remparts transformé en promenades au XVIIIᵉ siècle. Ce parcours contourne à l'est les fortifications de la citadelle, aujourd'hui occupée par un centre administratif, et conduit jusqu'aux escaliers de la cathédrale Notre-Dame.

Ce sanctuaire est le joyau de Laon. Dans cette cité qui, dès le haut Moyen Âge, connut une intense vie religieuse avec de nombreuses institutions monastiques et qui, d'autre part, eut rang de capitale, il

Des abbayes « sous la mousse et sous la giroflée »

« Ce coin du Laonnais », a dit Anatole France, qui séjourna au prieuré de Saint-Thomas, « n'a pas de larges horizons, mais le sol y fait de plis gracieux et il est semé de bouquets d'arbres. Si l'on aime à vivre dans le passé, le pays plaît par d'antiques souvenirs. Les pierres y parlent sous la mousse et sous la giroflée. » C'est le cas, à l'ouest de Laon, dans les forêts de Saint-Gobain et de Coucy.

Au milieu des bois, l'ancienne *abbaye de Prémontré* fut fondée en 1120 par saint Norbert, ancien fils de famille noble et riche qui, ayant un jour décidé de renoncer aux vanités du monde, adopta la règle de saint Augustin et l'habit blanc des anciens chanoines. Trente ans après sa fondation, l'ordre comptait plus de cent abbés et, par la suite, plus de mille abbayes d'hommes et cinq cents de femmes.

De la chapelle de saint Norbert, il ne subsiste, dans le village même, qu'un pan de mur. Une avenue d'arbres séculaires monte jusqu'à la grille monumentale de l'abbaye, qui fut reconstruite au XVIIIe siècle et est devenue asile psychiatrique. Elle est formée de trois bâtiments d'allure monumentale, disposés en équerre autour de jardins à la française. L'avant-corps du bâtiment central, surmonté d'un campanile, donne accès à un vestibule qui sert de chapelle. Dans le bâtiment de gauche, l'escalier de pierre à rampe en fer forgé est un chef-d'œuvre : il se déroule en spirale, sans aucun soutien, autour d'une large cage ovale.

▲ *Solitaire au creux d'un vallon, l'ancienne abbaye de Prémontré (XVIIIe s.).*

La façade de la cathédrale de Laon, avec ses trois porches profonds,
▼ *sa rosace et ses deux tours ajourées.*

n'est pas surprenant de trouver monument d'une pareille ampleur ni d'une telle beauté. Perchée sur son plateau, au milieu d'un décor médiéval de tours et de remparts, la cathédrale semble plus imposante encore.

Sa construction fut entreprise en 1155 par l'évêque Gautier de Mortagne et achevée en 1235. Ainsi est-elle contemporaine de Notre-Dame de Paris, de peu son aînée. L'art gothique s'y exprime dans sa robuste et sobre beauté. Riches de l'héritage roman, ses maîtres d'œuvre aspirèrent à créer une architecture à la fois plus spacieuse, plus élancée et plus lumineuse. Et de cette quête d'un style nouveau la façade occidentale est un bel exemple. On la considère comme la première façade gothique. La cathédrale de Reims ne lui emprunta-t-elle pas son canevas?

Ce qui frappe dans ce frontispice, c'est sa puissance, due à des survivances romanes dans l'ordonnancement des volumes, et son originalité, qui tient surtout à ses trous d'ombre et à ses curieuses tours. De conception quelque peu normande — on pense à Saint-Étienne de Caen, élevée un siècle plus tôt —, la façade de la cathédrale de Laon présente quatre niveaux rigoureusement articulés. Au rez-de-chaussée, trois grands porches abritent les portails. Voûtés en berceau, ils sont surmontés de pignons sculptés, coiffés de toits pentus, entre lesquels s'insèrent de hauts clochetons carrés portant une jolie flèche hexagonale. Les portails, quant à eux, s'ornent de sculptures en partie refaites au siècle dernier mais néanmoins admirables. Le portail de droite est consacré au Jugement dernier : dans le tympan, le Christ, juge et rédempteur; sur les voussures, la résurrection des morts, les Apôtres, des anges, les Vierges sages et les Vierges folles. Le portail central, qui seul a conservé son iconographie d'origine, propose la glorification de Marie. On y lit le couronnement de la Vierge dans le tympan; sur les voussures sont représentés des anges et un arbre de Jessé avec les ancêtres du Christ. Le portail le plus intéressant est celui de gauche, dont la facture révèle un souci plus grand de rendre les apparences de la vie. Les thèmes touchant à la Nativité se répartissent dans le tympan, sur le linteau et sur les cinq voussures.

Ces sculptures des portails trouvent un écho dans celles qui décorent les voussures des fenêtres percées, à l'étage supérieur, entre les gables des porches et les clochetons. Au-dessus de ces baies, trois espaces profonds où se logent la rose et deux grandes fenêtres, couronnées de voussures sculptées. Enfin, le quatrième étage se compose d'une galerie à arcature dont la partie centrale est légèrement surhaussée, au-dessus de la rose. Cette galerie assure le lien entre les deux tours qui jaillissent de la façade, semi-aériennes et étonnantes par leur structure. « J'ai esté en mult de tieres, onques tel tor ne vis come est de Loon », affirma au XIIIe siècle l'architecte

▲ *Le sommet d'une des tours de Notre-Dame de Laon, ornée de bœufs légendaires.*

Dans une autre gorge, assez voisine, se trouvent les ruines de *l'abbaye de Saint-Nicolas-aux-Bois,* élevée au bord d'un étang. Détruite une première fois pendant la guerre de Cent Ans, ravagée pendant les guerres de Religion, démolie en 1791 par son acquéreur, transformée en château, l'abbaye fut dévastée par des cantonnements de troupes pendant les deux guerres mondiales.

Dépendant de l'abbaye de Saint-Nicolas-aux-Bois, l'ensemble des bâtiments du *Tortoir,* disposés autour d'une cour de ferme, servirent d'abord de couvent de filles, puis de maladrerie avant de devenir un prieuré. Une chapelle du XIVe siècle, épaulée par des contreforts, est reliée au logis abbatial percé de fenêtres à meneaux et agrémenté d'une tourelle en encorbellement. ■

Du côté de La Fontaine

À l'extrême sud de la haute Picardie, *Château-Thierry* s'étale sur les rives de la Marne, au pied d'une butte portant les vestiges de son château. La ville est surtout célèbre pour avoir été la patrie de Jean de La Fontaine, qui y naquit le 8 juillet 1621. On peut visiter sa maison natale, un hôtel particulier bâti en 1559 et qui abrite un musée consacré essentiellement aux souvenirs du fabuliste. L'église Saint-Crépin, où fut baptisé La Fontaine, présente un beau vaisseau à trois nefs, de style gothique flamboyant. La rue du Château est bordée de vieux hôtels.

L'hôtel-Dieu, reconstruit à la fin du siècle dernier, a une chapelle (XVIIe s.), riche d'un trésor et d'une châsse de sainte Claire. Au-delà de la porte Saint-Jean (XIVe s.), entrée

Villard de Honnecourt. Hautes de 56 m, carrées à la base et éclairées de deux baies jumelles sur chaque face, elles adoptent au niveau supérieur le plan octogonal qui leur imprime un mouvement tournant non dénué d'élégance, grâce aux tourelles plaquées sur quatre des pans coupés. Dans les entrecolonnements de ces tourelles, des bœufs de pierre semblent surveiller le large horizon déployé devant eux. Une légende prétend qu'ils seraient là en souvenir de leur frère mystérieux envoyé au secours d'un attelage en détresse alors qu'il transportait des pierres pour la cathédrale.

Mais, si cette façade occidentale contribue largement à la majesté du sanctuaire, d'autres éléments y participent aussi : les deux tours — sur les quatre prévues — qui s'élèvent sur les angles des croisillons à l'ouest ; la tour-lanterne carrée, haute de 40 m, qui surmonte la croisée du transept ; la façade nord où s'ouvre le portail Saint-Nicaise, encore orné de sculptures. Et, bien que le chevet plat, de style cistercien, se présente comme une façade, avec une grande rose et une galerie à la base du pignon, l'ensemble a conservé son allure altière.

Une ampleur et une élévation que confirme l'architecture intérieure. Le vaisseau est imposant avec ses 110,50 m de longueur, ses 30,65 m de largeur au transept et ses 24 m de hauteur sous voûte. Comme à Noyon, il y a quatre registres superposés. En bas, de grandes arcades ouvrent sur les collatéraux assez bas. Au-dessus, les tribunes qu'éclairent des baies placées en retrait. Plus haut encore, le triforium aveugle, aux gracieuses colonnettes. Enfin, les fenêtres hautes dont la lumière vient baigner les belles voûtes sexpartites de la nef, à onze travées. Tout cela reflète un équilibre rigoureux et subtil. Au-delà du transept, dominé par la tour-lanterne, le chœur rappelle la distribution de la nef, mais avec dix travées. La lumière irradie à travers les baies lancéolées et la splendide rose du chevet, que parent des verrières du XIIIe siècle figurant le cycle de Noël, celui de Pâques, l'histoire du martyre de saint Étienne et celle de Théophile, ainsi que la glorification de l'Église. Une grille du XVIIe siècle sépare ce chœur du reste du sanctuaire.

Le trésor est installé à gauche du chœur, dans une salle dont la voûte retombe sur une colonne centrale. Il n'est pas ouvert au public, mais on aperçoit, à travers le grillage de la porte, quelques-unes des principales pièces qui le composent : une série de magnifiques tapisseries bruxelloises du XVIIe siècle et surtout une icône de la Sainte Face (XIIe siècle) à laquelle les Laonnois vouent une vénération particulière. Contre le flanc sud de la cathédrale, la salle capitulaire (XIIIe s.), éclairée par des fenêtres en tiers-point accouplées, donne sur un cloître de la même époque. Jouxtant le côté nord de l'église, l'ancien palais épiscopal — aujourd'hui palais de justice — est intéressant pour sa grande salle (XIIIe s.) et sa chapelle à deux étages, construite dès 1155.

Cathédrale Notre-Dame de Laon : le chœur, à dix travées, presque aussi long que la nef,
▼ *est terminé par un chevet plat.*

Des siècles de souvenirs

Ville royale, Laon fut aussi au Moyen Âge ville savante : d'illustres théologiens, Raoul et surtout Anselme de Laon, y ont enseigné, attirant une foule d'élèves. Elle fut aussi une riche ville-marché où les Templiers vinrent très tôt s'installer. Leur commanderie a été détruite, mais il subsiste la chapelle, édifiée en 1134. C'est un petit sanctuaire octogonal, couvert d'une coupole à huit nervures et éclairé

de l'ancien château, encadrée par deux énormes tours, voici les remparts et le parc qu'enferme cette enceinte d'un autre âge.

Entre Château-Thierry et Soissons, *Oulchy-le-Château* possédait un château fortifié appartenant aux comtes de Champagne, dont il ne subsiste que quelques pans de murailles entourant une esplanade de verdure. L'église d'Oulchy est remarquable par son clocher roman à trois niveaux de baies et par ses chapiteaux de facture assez primitive.

À l'est d'Oulchy-le-Château, aux confins de la Champagne et de l'Île-de-France, *Fère-en-Tardenois* est une petite ville très ancienne, sise sur la rive droite de l'Ourcq. Oppidum romain, fief des comtes de Champagne, puis des comtes de Dreux, qui y bâtirent un château fort (XIIIe s.), elle passa aux mains des Chastillon avant d'appartenir à Louis d'Orléans, frère de Charles VI, et de devenir plus tard propriété des comtes d'Angoulême. Elle s'enorgueillit d'une vaste halle construite en 1540, avec piliers de pierre et charpente en châtaignier, un des rares spécimens de cette époque qui existent encore en France. L'église Sainte-Macre, des XVe et XVIe siècles, a un clocher Renaissance et une porte gothique. Mais surtout le château, à 3 km au nord, mérite une visite. De la forteresse primitive, le connétable de Montmorency fit une demeure de plaisance, lançant sur le fossé un gigantesque pont à 5 arches, long de 61 m, large de 3,30 m, et soutenu par des piles rectangulaires. Au-delà du pont, subsistent dans la verdure huit tours ruinées.

▲ *Vue sur les tribunes de la cathédrale de Laon, dont le vaisseau offre une belle élévation à quatre étages.*

par six fenêtres romanes en plein cintre. Il est précédé d'un porche rectangulaire à étage et se termine par une abside en cul-de-four. Près de la chapelle, un musée réunit une belle collection archéologique (céramiques antiques, bijoux) et un certain nombre de peintures (Le Nain, Desportes...).

En flânant dans les rues du vieux Laon, on peut imaginer ce qu'était à peu près la vie de la cité à l'époque royale, son animation rythmée par les cloches d'églises et de monastères, et celles des trois grandes abbayes Saint-Vincent, Saint-Jean et Saint-Martin. De cette dernière, la plus ancienne, il reste un bel ensemble : bâtiments conventuels, logis abbatial, cloître, jardins, église. L'église, construite du XIIe au XIVe siècle, est surmontée de deux grosses tours carrées à la hauteur du transept. La façade, remaniée fin du XIIIe-début du XIVe siècle, présente trois portes et une immense fenêtre à remplage au-dessus du portail central. Deux clochetons flanquent le pignon. Des sculptures ornent les tympans. Le porche de l'entrée abrite deux gisants : celui d'un seigneur de Coucy, en pierre bleue de Tournai, et celui de Jeanne de Flandre, en marbre blanc. À l'intérieur du sanctuaire, une nef à neuf travées, sans tribune ni triforium, un transept flanqué à l'ouest de cinq chapelles rectangulaires (3 à droite, 2 à gauche), un chœur carré, sans collatéraux et terminé par un chevet plat. À droite de l'église, les bâtiments abbatiaux datent des XVIIe et XVIIIe siècles. Dans les jardins, le logis de l'abbé, flanqué de deux ailes mi-pierre mi-brique, est de pur style Louis XIII.

Cette abbaye Saint-Martin est bâtie à l'ouest du plateau, au milieu de ce que l'on appelle «le Bourg». Les rues sont tortueuses et accidentées, les maisons s'entassent les unes contre les autres, ceinturées par les remparts.

Chaque âge, chaque style a marqué Laon de son empreinte. Rues, ruelles, places pittoresques, maisons anciennes offrent tantôt une arcade, romane ou gothique, tantôt un décor XVe siècle. Ici une noble demeure toute rose et contemporaine de Louis XIII, là un portail datant du Roi-Soleil ou la fantaisie d'un pavillon Louis XV. Ce que disait Victor Hugo est resté vrai : «Tout est beau à Laon, les églises, les maisons, les environs, tout.»

Les environs méritent une promenade, ne serait-ce que les grottes troglodytiques qui s'ouvrent sur les pentes de la butte, jadis couvertes de vignes, que les petits villages, parmi les cultures et les prairies, car chacun d'eux recèle une église, certes modeste, mais d'une beauté surprenante pour un sanctuaire de campagne.

Une guirlande d'églises

En effet, toute une série d'églises, généralement romanes, forme une sorte de guirlande autour de Laon. Celle d'*Urcel* (XIIe s.) vaut pour ses chapiteaux et surtout pour son clocher-porche provenant d'un édifice antérieur. Également du XIIe, celle de *Nouvion-le-Vineux* est composée d'une nef flanquée de bas-côtés de deux travées, d'un transept avec absidioles et d'un chœur en hémicycle avec, au fond, la niche d'autel — niche caractéristique de nombreuses églises du Laonnois et du Soissonnais. À *Presles*, au bas d'une colline couronnée des restes d'un château des évêques de Laon, l'église remonte à la fin

À *Braine* où, place du Martroi, s'élève une belle maison à pans de bois du XVIᵉ siècle; il serait dommage de ne pas voir l'église Saint-Yved-et-Notre-Dame, en lisière de la localité. C'est une ancienne abbatiale de prémontrés, fondée à la fin du XIIᵉ siècle. C'est aussi l'une des plus originales de la région, avec les dimensions imposantes de son chœur à triforium et sa tour-lanterne analogue à celle de la cathédrale de Laon.

Dernière étape de ce rapide circuit dans le sud de la Haute-Picardie : *Longpont*, qui garde les vestiges d'une grande abbaye cistercienne fondée en 1131 par Raoul IV, comte de Crépy, en réparation de crimes qui lui avaient valu l'excommunication. Très éprouvée par la Révolution et les deux guerres mondiales, cette abbaye offre encore

▲ *Saint-Yved-et-Notre-Dame de Braine, ancienne abbatiale de Prémontré, et son imposante tour-lanterne, typiquement laonnaise.*

L'église de Nouvion-le-Vineux et la savante disposition des baies jumelées
▼ *qui ajourent son clocher roman.*

une porte fortifiée du XIIIᵉ siècle, des bâtiments conventuels aménagés au XVIIIᵉ et des ruines de son église, bâtie à partir du XIIIᵉ siècle. ∎

L'abbaye-musée de Soissons

Le musée municipal de Soissons a pour cadre l'ancienne *abbaye de Saint-Léger*. Un grand charme se dégage de cet ensemble, abondamment baigné de lumière. Parmi les éléments lapidaires exposés, un admirable tympan de la fin du XIIIᵉ siècle, représentant la Descente du Christ aux limbes, provient d'un portail de Saint-Yved de Braine. L'un des anges de l'autre tympan, figurant le Couronnement de la Vierge, appartient à la même église.

Ouvrant sur le cloître, une salle

du XIᵉ siècle; elle a un porche gothique percé d'élégantes baies géminées alors que son clocher, ajouré de petites baies en plein cintre au premier étage et en tiers-point au second, est roman.

L'église de *Vorges* est un édifice très homogène du commencement du XIIIᵉ siècle, composé d'une nef à cinq travées avec collatéraux, d'un transept flanqué de deux chapelles carrées et d'un chœur à chevet plat. Cette église a été fortifiée au XIVᵉ siècle, ainsi qu'en témoigne un chemin de ronde. À *Bruyères*, l'édifice est plus complexe. Le chœur et le transept furent bâtis dans la première moitié du XIIᵉ siècle, avant la nef et les bas-côtés. Dans la seconde moitié du XIIIᵉ siècle, les deux dernières travées de la nef furent remplacées par un véritable transept gothique, en avant des croisillons romans et rejoignant deux chapelles qui furent surélevées et voûtées à la fin du XVᵉ siècle. Le résultat est magnifique.

Liesse et son pèlerinage

Au nord-est de Laon, le château de *Marchais*, longtemps possession de la famille de Guise, fut le théâtre de pourparlers décisifs en vue de la formation de la Ligue, hostile à Henri IV. Construit en 1540 dans le style de la Renaissance par Jean de Longueval, surintendant des Finances de François Iᵉʳ, il était la résidence des rois quand ils venaient en pèlerinage à Liesse. Cette noble demeure se compose de trois ailes, très sobres de l'extérieur, mais richement décorées sur la cour d'honneur intérieure. Elle appartient à la maison de Monaco, qui en a fait un véritable musée privé, avec un riche mobilier des XVIᵉ, XVIIᵉ et XVIIIᵉ siècles, des tableaux, des tapisseries et des porcelaines.

Aux abords de la belle forêt de Samoussy éclairée de prairies humides et de vastes marais hérissés de roseaux, *Liesse* est un village dont la basilique Notre-Dame est célèbre pour son pèlerinage du lundi de la Pentecôte. L'édifice, rebâti en 1384 et agrandi en 1430, est surmonté d'une pittoresque flèche flamboyante. La sacristie, élevée aux frais de Louis XIII et d'Anne d'Autriche, réunit, dans des vitrines, les objets les plus divers offerts en témoignage de reconnaissance. Au-dessus de l'autel se trouve une Vierge noire, habillée de satin blanc, couronnée d'or et de pierres précieuses. La légende veut que cette Vierge ait transporté, depuis Le Caire, trois seigneurs d'Eppes qui, prisonniers du sultan, s'étaient endormis en pays d'Égypte et se seraient réveillés là, libres.

Dès le XIVᵉ siècle, la renommée du sanctuaire dépasse le diocèse de Laon. À partir du XVᵉ siècle, elle gagne les Flandres, la Champagne, la Normandie, l'Île-de-France. Elle franchit les frontières et s'impose à l'étranger. Sous la Restauration, la duchesse de Berry et, après elle, l'infortunée fille de Louis XVI vinrent prier la Vierge.

est consacrée à la préhistoire et à l'art gaulois, une autre à des éléments recueillis à l'emplacement d'une villa romaine, et les deux dernières sont spécialisées l'une dans l'art funéraire gallo-romain, l'autre dans l'art mérovingien. Au premier étage, la salle d'histoire locale possède d'intéressants documents qui font revivre le passé de Soissons. On peut aussi voir une salle de peintures.

D'autres documents concernent les châteaux, l'Archerie — confrérie qui a eu et qui a encore une grande importance dans la région (l'abbé de Saint-Médard de Soissons était le grand connétable des archers du royaume) —, la Révolution et enfin les souvenirs douloureux de la Grande Guerre.

La salle des peintures et sculptures réunit des œuvres

▲ Cathédrale de Soissons :
l'extrême sobriété
de la façade dissymétrique,
aux lignes simples et robustes.

d'époques et d'écoles différentes, en particulier les écoles du Nord. Le XVIᵉ siècle est représenté par Houdon, dont le musée possède le plâtre original de la célèbre « Négresse » et par un fort beau portrait de Largillière. Parmi les paysages français du XIXᵉ siècle, un Courbet et deux Boudin. ∎

Le souvenir de Quentin de La Tour

Originaire de Saint-Quentin, Maurice Quentin de La Tour (1704-1788) fut l'un des artistes les plus en vogue dans la société élégante et raffinée du siècle des Lumières. Excellent dessinateur, aussi précis et incisif qu'Ingres, il employa la technique du pastel pour une analyse subtile de la physionomie humaine.

⟶

Saint-Jean-des-Vignes de Soissons :
il ne subsiste que la façade
aux clochers flamboyants
▼ et à la rosace vide.

Soissons, berceau du gothique

De part et d'autre de la vallée de l'Aisne, s'ordonnent les fertiles plateaux du *Soissonnais*, terres à blé et à betteraves, horizons austères, totalement voués à la culture, où les villages se cachent dans les vallées. Un sol que bouleversèrent les guerres, laissant derrière elles cimetières et monuments du souvenir. Pour trouver nature plus variée, il faut suivre les vallées qui entaillent la table calcaire, à 80 m de profondeur : ce sont de vertes oasis envahies par les arbres, les herbes folles, jalonnées de villages habillés de pierre et souvent étagés à flanc de coteau. Tantôt une église, romane ou gothique, tantôt les vestiges d'un château ajoutent au charme de ces petits bourgs silencieux. Au bord du ruisseau de Retz : Ambleny, Cœuvres-et-Valsery; au bord de l'Aisne, Vailly, Condé... Le long de la Vesle, Bazoches, Courcelles, Lhuys, Augy, Braine. Quant au cours de la Crise, il est ponctué de jolies cités : Courmelles, Berzy-le-Sec, Septmonts.

De ce pays aux visages contrastés *Soissons* est le cœur. Étalée dans un élargissement de la vallée de l'Aisne — là où vient confluer la Crise —, dominée par les plateaux, l'ancienne *Augusta Suessionum* joua un rôle important dans le royaume franc. Clovis y battit les Romains, et le célèbre épisode du « vase de Soissons » vient naturellement à l'esprit (un bas-relief du monument aux morts l'évoque aujourd'hui). Les rois mérovingiens se disputèrent ensuite la cité, qui eut rang de capitale sous Clotaire Iᵉʳ et sous Chilpéric, roi de Neustrie. Au Xᵉ siècle, elle devint siège d'un comté. Placée sur le chemin des invasions, la ville connut les vicissitudes des guerres. Mais, grâce à une restauration intelligente, elle conserve un patrimoine architectural remarquable, qui atteste la place prépondérante qu'elle occupa aux temps de l'art gothique.

D'abord la cathédrale Saint-Gervais-et-Saint-Protais, qui se profile sur le ciel telle une dentelle de pierre. Pour reprendre les mots de Rodin : « Il n'y a point d'heure dans cette cathédrale, il y a l'éternité... Ah! beauté que j'avais pressentie! Quelle invincible impression de virginité! » C'est un splendide édifice élevé du XIIᵉ au XIVᵉ siècle, un des plus beaux spécimens de l'art gothique. Sa façade, dissymétrique, avec une seule tour, subit des remaniements peu heureux au siècle des Lumières. Statues et ornements gothiques lui furent retirés. Néanmoins, le sanctuaire demeure remarquable; on en admirera surtout le chevet massif et dépouillé et le portail ouvragé à l'est du croisillon nord (XIVᵉ s.). À l'intérieur, le vaisseau surprend par ses dimensions audacieuses : 116 m de long, 25,6 m de large, 30,33 m de hauteur sous voûte. La nef à sept travées est d'une superbe envolée avec ses piles rondes, son triforium à arcades, son étage de fenêtres géminées surmontées d'une rose. Le chœur, en gothique lancéolé, respecte la

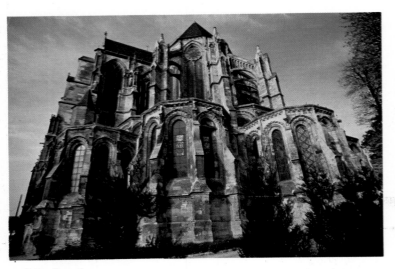

▲ *Saint-Quentin :
le chevet de la basilique
avec ses arcs-boutants
à triple volée.*

Sa position de peintre du roi favorisa cette vocation, et la Cour, l'univers des arts et des lettres lui inspirèrent maints portraits.

Certaines de ses œuvres sont aujourd'hui exposées au Louvre. D'autres — et la collection est importante (près de 90 tableaux) — constituent le trésor du *musée Antoine-Lécuyer*, à Saint-Quentin. Trois salons sont réservés aux célèbres pastels : *Mademoiselle Fel, l'Abbé Hubert, le Maréchal de Saxe, la Camargo,* un autoportrait. L'ensemble est la propriété de l'École gratuite de dessin, une institution fondée en 1781 par le peintre lui-même.

Dans ce musée, on peut aussi voir de remarquables tapisseries des Gobelins (XVIIIe s.) et des peintures françaises des XIXe et XXe siècles (impressionnisme, contemporains). ■

Pour la bonne bouche

Riche en rivières et en forêts, le département de l'Aisne est prodigue en poissons et en gibiers. On cuisine les uns à la crème ou aux herbes, les autres en pâté. Vervins s'est fait des grives une spécialité; on les mange rôties, en salmis, en terrine. Laon est réputée pour ses délicieux pâtés de perdreaux et pour ses « rissoles » — beignets garnis de poisson ou de viande et servis avec une sauce relevée —, qui autrefois étaient de toutes les grandes fêtes.

Ce sont des tripes et du boudin que nous offre Saint-Quentin. Les bourgades de la Thiérache accordent leur préférence à l'andouille et au pâté de foie de porc. Soissons, quant à elle, se signale par ses quenelles de brochet Clovis, où l'art culinaire associe au meilleur poisson de

*Nichée dans la verdure,
l'église de Grandrieux
a conservé son allure*
▼ *de forteresse.*

même ordonnance. De précieux vitraux des XIIIe et XIVe siècles y dispensent une lumière pleine de douceur. Deux statues de marbre blanc, figurant l'Annonciation, encadrent le maître-autel. Mais peut-être la partie la plus originale de la cathédrale est-elle le croisillon sud (XIIe s.); sa beauté vient, comme à Noyon, de la disposition en hémicycle, avec, en plus, comme à Tournai, un déambulatoire portant tribunes. Une chapelle à deux étages se raccorde par trois travées aux travées du déambulatoire et des tribunes. Conçu dans le même style que la nef, le croisillon nord abrite une œuvre de Rubens représentant l'*Adoration des bergers.*

L'ancienne abbaye de Saint-Jean-des-Vignes, dont il reste de belles ruines, est aussi remarquable. Fondée en 1076, elle devint la maison mère des Joanistes et fut, aux XIIIe et XIVe siècles, comblée de bienfaits par rois et grands seigneurs. La Révolution l'épargna, mais un décret impérial en ordonna la démolition. Par bonheur, la façade put être sauvée. C'est un chef-d'œuvre d'ornementation : au rez-de-chaussée (fin du XIIIe s.), des portails agrémentés de redents, de fleurs et de statues; au niveau supérieur, une grande rose du XIVe siècle; enfin des tours (XVe-XVIe s.), finement travaillées, que couronnent des flèches de pierre richement sculptées. Dans le cloître, dont il ne reste que deux galeries du XIVe siècle, se retrouve la même recherche décorative. Le réfectoire, adossé à la tour sud, bâti au-dessus d'un cellier de la fin du XIIIe siècle, abrite une salle magnifique, à deux nefs séparées par sept élégantes colonnes parées de chapiteaux à feuillage, et éclairée par des roses à lobes et des baies géminées.

Des abbayes Saint-Médard, Notre-Dame, Saint-Crépin-le-Grand, il ne subsiste que ruines. L'ancienne abbaye de Saint-Léger, fondée en 1152, a eu plus de chance, bien que la nef et la façade de l'abbatiale, détruites par les huguenots, aient dû être reconstruites à la fin du XVIe siècle. Le vaisseau présente un transept et un chœur du XIIIe siècle, d'une grande pureté, où les vides et les pleins s'équilibrent harmonieusement. Appartenant à l'église primitive du XIIe siècle, la crypte à deux travées est voûtée d'arêtes dans sa partie antérieure. Le cloître, la salle capitulaire et l'abbatiale ont été transformés en un musée, abritant des sculptures provenant d'édifices démolis.

Les airs flamands de Saint-Quentin

Au nord-ouest du département de l'Aisne, le *Vermandois* étale, entre la Somme et l'Escaut, ses étendues régulières de blé et de betteraves, égayées de-ci de-là par des villages de brique qu'entoure une ceinture d'arbres. La plaine se redresse doucement du sud au nord et s'orne de croupes arrondies à longs versants. Les vallées

dessinent un univers de prairies et d'étangs, paradis des pêcheurs et des chasseurs.

Sur la première courbe de la Somme, s'est établie *Saint-Quentin.* Elle s'étage sur une basse colline de craie, percée d'innombrables caves et, de là, surveille le cours indécis du fleuve. Picarde, elle l'est de cœur et sa parenté avec Amiens est indéniable. Flamande, elle l'est un peu aussi, et pour qui la découvre en quittant la région parisienne, elle apparaît comme la première ville du Nord.

l'Aisne le souvenir glorieux du grand chef franc, et par son andouillette grillée qu'accompagnent merveilleusement les célèbres haricots blancs (que l'on cultive d'ailleurs surtout à Noyon).

N'oublions pas non plus les artichauts, les asperges et les poireaux de Laon, ces derniers étant employés pour la flamiche (« el flan à porrieu », comme disent les gens du cru). Ni les pâtisseries : beignets, mignonnettes de Saint-Quentin, pailles au café de Soissons. ■

Un passé de capitale

Capitale de la Thiérache, *Vervins* est accrochée au versant d'une colline dominant le Chertemps. C'est sans doute à cette situation qu'elle doit son destin mouvementé; de la

guerre de Cent Ans au XVIIIe siècle, elle ne vit qu'armées et combats. Aujourd'hui paisible sous-préfecture, elle possède des restes des remparts que lui donna le Moyen Âge, des rues pavées, des vieilles places, des maisons à toit d'ardoise pentu, un hôtel de ville du XVIIe siècle. Son église Notre-Dame est à l'image des églises fortifiées de la région, avec sa grosse tour-porche en pierre et brique de 34 m de hauteur. Bien que de style composite (chœur du XIIIe siècle, nef de la Renaissance, abside refaite en 1870), l'ensemble a noble allure.

Mais le monument le plus important — puisqu'il inscrit le nom de Vervins dans l'histoire de France — est l'ancien hôtel de Coigny (1560) ou Château Neuf. Là fut signé, le 2 mai 1598, le traité mettant fin à la guerre avec

▲ *Entouré d'étangs, de prairies et de bois, le prieuré fortifié du Tortoir date du XIVe siècle.*

C'est à partir du Xe siècle que se développa le bourg médiéval, sur les restes de ce qui avait été une cité gallo-romaine, du nom d'*Augusta Viromanduorum*. À la fin de la dynastie des comtes de Vermandois, les deux sœurs de Raoul II, dit « le Lépreux », lui succédèrent l'une après l'autre. La première étant comtesse de Flandres, le Vermandois aurait eu toute chance de rester flamand si Philippe Auguste n'avait su, en 1214, ramener le comté dans le domaine royal. L'heure la plus tragique que connut Saint-Quentin fut

l'année 1557, lorsque l'armée du connétable Anne de Montmorency, venue à la rescousse des Saint-Quentinois assaillis, fut battue par les Espagnols.

Au cours du siège de 1557, la collégiale Saint-Quentin eut à souffrir de graves dommages. Un incendie, un siècle plus tard, et des bombardements en 1914-1918 s'acharnèrent sur cet édifice, digne des plus nobles cathédrales. Car la basilique (le titre lui fut donné en 1876) mérite une place parmi les plus belles architectures gothiques de France. Sa construction, commencée en 1230, ne fut achevée qu'au XVe siècle. Ses dimensions s'imposent d'emblée : 117 m de longueur, 37 m de largeur, 34 m de hauteur sous voûte et 49 m de hauteur sous le faîte des combles. «On peut penser, notent André et Suzanne Fiette, historiens de l'édifice, que si les évolutions accompagnant le culte du saint patron appelaient un lieu vaste et adapté, les chanoines durent aussi se laisser prendre à cette furie de construire qui mit en rivalité tous les chantiers ouverts en Île-de-France, en Champagne, en Picardie, aux Pays-Bas et ailleurs. » La façade occidentale arbore un clocher-porche élevé sur un soubassement roman (ce qui atteste l'existence d'un sanctuaire antérieur). En dépit de cette rupture de style, le clocher ne manque pas d'allure. Ses cinquante mètres d'élévation semblent à peine suffire à épuiser l'élan de ses puissants contreforts qui évoquent l'armature des plus orgueilleux beffrois. Le chevet est remarquable par ses arcs-boutants à triple volée. Enfin, toujours à l'extérieur, à la hauteur du bras sud du petit transept, furent adossés, à la fin du XVe siècle, la chapelle Saint-Fursy, à droite, et le porche Lamoureux, de style flamboyant, à gauche.

L'intérieur se singularise par un chœur gigantesque avec double transept, double collatéral, déambulatoire et cinq chapelles rayonnantes dont les voûtes s'appuient sur deux colonnes, selon un principe champenois. La chapelle absidale d'axe est éclairée par des vitraux du XIIIe siècle, et l'on peut voir une statue de saint Michel, également du XIIIe, à l'entrée de la chapelle sise à gauche. Les sculptures de la clôture du chœur (XIVe s.) se rapportent à la vie de saint Quentin, dont le tombeau (IVe s.) repose dans la crypte d'époque carolingienne. Le magnifique buffet d'orgues en chêne, œuvre de Bérain, abritait un instrument d'une qualité exceptionnelle, hélas détruit par les Allemands et remplacé par un orgue moderne, qui se dresse au-dessus de la chapelle Saint-Michel, porté par une tribune de 15 m de haut.

À peu de distance de la basilique se trouve l'hôtel de ville. Planté sur le côté nord de la place qui porte son nom, il contribue à donner à celle-ci son cachet flamand. Construit au début du XVIe siècle, il reflète les subtiles trouvailles du style flamboyant. La façade juxtapose trois corps de bâtiment semblables, à pignons triangulaires. Au rez-de-chaussée : un portique à sept arcades. Au premier étage : une suite de baies vitrées. Au centre de cette façade, entre deux

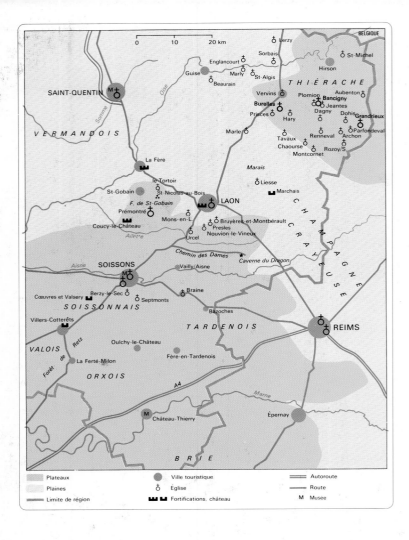

Plateaux	Ville touristique
Plaines	Église
Limite de région	Fortifications, château
	Autoroute
	Route
	M Musée

l'Espagne. Henri IV fit reconnaître sa souveraineté au roi Philippe II d'Espagne et au duc de Savoie. En outre, il leur fit rendre les conquêtes qu'ils avaient faites en France durant la Ligue. ■

Le tragique Chemin des Dames

Lors de la Grande Guerre, après la bataille de la Marne, les Allemands réussirent à s'accrocher à la falaise taillée dans la craie par les eaux de l'Aisne et sur laquelle s'étire, long d'une vingtaine de kilomètres, le célèbre *Chemin des Dames* (celui-ci fut ainsi baptisé au XVIIIe siècle, époque où les Dames de France, filles de Louis XV, l'empruntaient pour se rendre au château de la Bove). Au printemps de 1917,

l'armée Mangin attaquait les positions allemandes. Les pertes furent lourdes. Les troupes françaises parvinrent à conquérir la ligne de crêtes, mais sans possibilité de débouché. De nouveaux combats eurent lieu dans les mois qui suivirent. Roland Dorgelès écrivit : « Si l'on creusait, de Malmaison à Craonne, une fosse commune, il la faudrait deux fois plus large pour contenir les morts qu'a coûtés le Chemin des Dames. »

Le grand calvaire, le monument aux morts des crapouillots, la chapelle-souvenir de Cerny-en-Laonnois, avec le cimetière militaire et l'ossuaire, le fort de la Malmaison, les fermes des Bovettes, d'Hurtebise et de la Motte, le village de Craonnelle et la ville de Craonne rappellent ces tragiques épisodes de la Grande Guerre. ■

piliers, une barrière de fer servait jadis de bretèche pour les proclamation des arrêts de justice et représentait aussi l'étalon pour l'aune, ancienne mesure de longueur. Chaque chapiteau, chaque niche, chaque cul-de-lampe, chaque gargouille est travaillé et prend valeur d'orfèvrerie. Une tour carrée du XVIIe siècle, refaite au XVIIIe, protège un carillon de trente-sept cloches.

De son passé pourtant prospère, Saint-Quentin n'a conservé que de rares vestiges : le fronton de l'hôtel des Canonniers, un peu baroque; l'hôtel particulier de la rue d'Isle avec son portail orné d'une coquille et surmonté d'une fenêtre ouvrant sur balcon, beau spécimen de style Louis XV; le palais de justice, achevé en 1908 selon le goût fastueux de la Belle Époque.

Les pieuses sentinelles de la Thiérache

À l'est du riche plateau du Vermandois, paré de champs de blé et de betteraves, la nature se fait plus riante, plus attachante. C'est la *Thiérache,* un des plus beaux fleurons du pays picard, domaine de la verdure et des eaux vives, avec des pâtures encloses qui rappellent le Bocage normand par leurs vergers de pommiers à cidre et leurs haies bien dessinées. « La Picardie avec ses pentes douces, ses villages sertis dans les vergers, ses pâturages bordés de hauts peupliers, que de fois ce paysage m'a enchanté! On sent ici de façon tout élémentaire que l'on est en France. » Ainsi l'écrivain allemand Ernst Jünger nous décrit-il cette contrée qu'il découvrit lors de la dernière guerre.

La Thiérache, picarde par son histoire, l'est moins par son climat (pluies plus fréquentes, hiver neigeux) et par ses paysages vallonnés que sillonnent l'Oise, la Serre, la Brune, le Vilpion. Grâce au bocage, et à l'habitat, elle a un charme particulier. Les maisons composent des hameaux étirés qui, parfois, se rejoignent pour former une longue rue verdoyante. Généralement basses, faites de briques, parfois protégées, du côté exposé à la pluie, par un revêtement d'écailles de bois,

coiffées de toits d'ardoise, les demeures de la Thiérache présentent une grande homogénéité de style. Leurs fenêtres, le plus souvent à petits carreaux, laissent deviner la propreté picarde, à travers des rideaux d'un blanc immaculé.

Mais la Thiérache vaut tout autant pour ses églises fortifiées. Elles sont nombreuses : plus d'une cinquantaine, disséminées au fil des vallées. Leur silhouette est rude et massive. Un donjon carré, percé de meurtrières et de dimensions quelquefois importantes, assure la défense du sanctuaire. L'accompagnent des tours, des échauguettes, des mâchicoulis. À la brique de ces constructions s'oppose curieusement la belle pierre blanche utilisée pour la nef et le chœur. La partie religieuse de l'édifice est modeste, d'une extrême sobriété.

Comme l'écrit l'écrivain Marc Blancpain, natif du pays, « l'église de la Thiérache n'a guère pour elle que cette parure guerrière qui semble sortie de l'ombre des temps reculés, porte au songe, à la mélancolie et, quelquefois, à la peur. Car elle est née de la peur, hélas, et de la longue misère des vilains abandonnés à la rapacité de la soldatesque ». En butte à des exactions incessantes, les paysans entreprirent d'armer leurs églises et d'en faire des refuges. Les travaux de fortification remontent au milieu du XVIe siècle; ils se développèrent au XVIIe, époque des guerres de Religion, des luttes entre Français et Espagnols, de la Fronde et de la terrible guerre de Trente Ans. Les églises de Thiérache sont donc contemporaines du système défensif dont furent dotées les places militaires de la frontière voisine.

Malgré une évidente parenté de style, aucun de ces sanctuaires fortifiés ne se ressemblent vraiment. Quatre tourelles flanquent le gros donjon de l'église de *Beaurain,* juchée sur un promontoire. Celle d'*Englancourt* a plutôt l'allure d'une grange, avec un donjon mi-pierre mi-brique et des tours rouges commandant la vallée. Quelques kilomètres plus loin, une façade aux tourelles basses : celle de l'église de *Marly-Gomont,* avec sa porte cloutée couleur framboise, ses soubassements de grès gris et son cimetière qui évoque un peu la Bretagne. À *Saint-Algis,* l'église est massive comme un bâtiment militaire. À *Sorbais,* l'église voisine avec une surprenante ferme à toit en poivrière. Celle de *Lerzy* ressemble à un château fort, son village serré autour d'elle.

À défaut de pouvoir passer en revue tous ces singuliers édifices religieux, notons-en trois qui méritent une mention spéciale : l'église de *Prisces,* dotée d'un donjon à quatre étages de défense, haut de 25 m, qui fait penser à une forteresse rhénane; celle de *Plomion,* élevée au XVIe siècle, qui possède un donjon, deux tours cylindriques protégeant son portail et, au rez-de-chaussée, un étroit passage menant à une prison; enfin, celle d'*Aubenton,* qui arbore un fier donjon de pierre et un portail décoré par un combat entre deux centaures.

châteaux et forêts
au fil de l'Oise

*Les majestueuses volées ▲
du Grand Degré relient
la terrasse du Connétable
aux parterres français.*

*Derrière la gerbe légère ►
du bassin du Jet,
les tours rondes
et les hautes fenêtres
du Grand Château
rebâti au XIXᵉ siècle.*

◄ *Les arbres et les pelouses
du jardin anglais
font un cadre de verdure
au Petit Château de Chantilly.*

*C*adre grandiose
d'un des plus beaux musées du monde,
le château de Chantilly, avec son étang,
ses jardins, son parc et sa forêt,
est un des fleurons de la « ceinture verte »
qui entoure Paris.

Un long balcon en surplomb ▶
souligne la façade Renaissance
du Petit Château,
ou Capitainerie.

À l'orée de la giboyeuse
forêt d'Halatte,
Senlis, dont le château
servait aux rois
de rendez-vous de chasse,
a conservé de nombreux
souvenirs du passé.

Haute de 78 m,
la flèche gothique
de l'ancienne cathédrale
Notre-Dame,
un des beaux clochers
de l'Île-de-France.

Il ne reste plus ▶
que des ruines
du château royal.

6. Compiègne, Chantilly, Senlis

▲ *Précédé d'un péristyle,
le Grand Appartement du roi
et des empereurs.*

◀◀ *Un portique à colonnes toscanes
sépare la cour d'honneur
de la place du Palais.*

◀ *L'escalier d'honneur
et sa magnifique rampe
en fer forgé.*

Au-delà des pelouses du Petit Parc, ▶
*l'avenue des Beaux-Monts
ouvre une perspective de 4 km
dans les futaies de la forêt.*

*Situé à la lisière d'une immense forêt,
l'élégant palais classique de Compiègne
fut construit par Louis XV,
mais surtout apprécié par Napoléon III.*

▲ *C'est Jacques-Ange Gabriel,*
l'architecte du Petit Trianon,
qui construisit pour Louis XV
le château de Compiègne.

À la lisière méridionale de la Picardie, sur la rive gauche de l'Oise qui le sépare du Beauvaisis, le Valois déroule un plateau fertile, sillonné de fraîches vallées. D'épaisses et vastes forêts l'entourent d'une couronne de verdure que le déboisement a quelque peu morcelée depuis le Moyen Âge, mais qui couvre encore des milliers d'hectares. Fort giboyeuses et, de surcroît, proches de la capitale, ces forêts attirèrent de bonne heure les souverains et leur cour, en quête, tout comme les Parisiens d'aujourd'hui, de bon air, de détente et d'exercice. Rendez-vous de chasse et résidences royales s'y multiplièrent, de plus en plus vastes, de plus en plus fastueux au fur et à mesure que s'affirmait l'autorité de la Couronne. Les riches familles seigneuriales suivirent le mouvement, et chacun des massifs forestiers du Valois recèle — ou a recélé — un véritable palais.

Les hautes futaies de la forêt de Compiègne

Au nord du Valois, au confluent de l'Aisne et de l'Oise, la forêt domaniale de Compiègne couvre 14 500 ha d'un seul tenant, et près de 20 000 ha avec les forêts voisines de Laigue et d'Ourscamps qui la prolongent vers le nord. En s'y réservant de vastes territoires de chasse, les rois l'ont sauvée du démembrement.

Des vallonnements assez abrupts, pompeusement baptisés « monts », entourent une cuvette centrale émaillée d'étangs et de ruisseaux. Hêtres et chênes y dominent, les premiers sur les hauteurs, les seconds dans les fonds, relayés (depuis 1830) par des pins sylvestres lorsque le sol est par trop sablonneux. Les hautes futaies, tapissées d'anémones blanches au printemps et de feuilles dorées à l'automne, sont traversées par des routes rectilignes, rayonnant à partir de nombreux carrefours. Ces routes ont été tracées il y a fort longtemps pour faciliter la chasse à courre. (Celle-ci se pratique toujours : quatre fois par semaine, de septembre à avril, meutes et cavaliers traquent les animaux de grande vénerie, qui y vivent en hardes nombreuses.) Intelligemment exploitée, la forêt produit plus de 60 000 m³ de bois d'œuvre par an sans que cela nuise à son attrait touristique, car les plus beaux arbres sont épargnés : le gros chêne de Saint-Jean doit avoir près de 800 ans, et ceux des Beaux-Monts sont contemporains de François Ier.

Les sites les plus pittoresques de la forêt sont, en dehors des romantiques étangs de Saint-Pierre, sur le bord d'un desquels l'impératrice Eugénie se fit jadis construire un pavillon de chasse aujourd'hui converti en maison forestière, les hauteurs auxquelles on accède par des routes sinueuses et d'où l'on découvre de belles perspectives : mont Saint-Pierre, point culminant avec ses 141 m

d'altitude, qui porte les vestiges d'un prieuré; mont Saint-Marc, où les points de vue se succèdent; massif des Beaux-Monts, réputé pour ses magnifiques futaies.

Parmi les arbres se blottissent quelques hameaux et deux charmants villages : Vieux-Moulin, agréable villégiature que Viollet-le-Duc dota d'une église originale; Saint-Jean-aux-Bois, que l'on croirait sorti d'un conte de fées avec sa porte fortifiée, les restes d'un monastère et une jolie église du XIIIe siècle.

L'attraction la plus populaire de la forêt de Compiègne se situe près de sa lisière nord, non loin du village de Rethondes : c'est la *clairière de l'Armistice* où, le 11 novembre 1918, le maréchal Foch signa, avec les plénipotentiaires allemands, la convention qui mit fin aux combats de la Première Guerre mondiale. Un rond-point de plus de 100 m de diamètre a été déboisé autour de l'épi de voies ferrées qui permit de garer côte à côte les trains des deux parties en présence. Au centre, une dalle de granite commémore l'événement. Le wagon-salon où s'est déroulée l'entrevue, détruit pendant la Seconde Guerre mondiale, a été remplacé par une voiture semblable.

Le palais des rois et des empereurs

L'avenue des Beaux-Monts, une magnifique percée rectiligne longue de 4 km, large de 60 m, relie les Beaux-Monts au palais de Compiègne, construit pour Louis XV par Jacques-Ange Gabriel, l'architecte du Petit Trianon de Versailles et de la place de la Concorde, à Paris.

Sobre, élégant, un peu sévère dans sa parfaite ordonnance classique, le château a la forme d'un triangle rectangle dont le plus grand côté donne sur les jardins et la forêt. C'est la façade des « grands appartements », longue de 200 m. Le rez-de-chaussée et l'unique étage, couronné par une balustrade en pierre, sont éclairés chacun par 49 fenêtres. Au centre, un large avant-corps peu saillant est orné d'un fronton triangulaire, porté par quatre colonnes ioniques.

L'entrée principale du palais est située sur le petit côté de l'angle droit. Entre deux pavillons carrés, une double rangée de colonnes doriques, surmontée d'une terrasse à balustres et interrompue par un portail à fronton courbe et grilles en fer forgé, limite une vaste cour d'honneur rectangulaire. Au fond, le balcon du corps central est dominé par un fronton grec, porté, comme celui de la façade sur jardin (dont le rez-de-chaussée, en raison de la dénivellation, correspond au premier étage des bâtiments sur cour), par quatre colonnes ioniques. Les sculptures de ce fronton furent exécutées sous Louis XVI, alors que celles qui leur font pendant sur les pavillons de l'entrée datent de Napoléon III.

Ermenonville où mourut Jean-Jacques Rousseau

Prolongeant vers l'est la forêt de Chantilly, la forêt domaniale d'Ermenonville présente cependant un aspect différent. Bien que l'on y trouve des chênes et des hêtres, comme dans tous les massifs environnants, elle est surtout plantée de pins, et son sol sablonneux, parsemé de boules de grès, rappelle — en beaucoup moins vaste — la forêt de Fontainebleau. La présence d'arbres résineux, qui la rend particulièrement vulnérable aux incendies, et l'abondance de gros gibier ont fait interdire la plupart des chemins à la circulation automobile.

Au sud-est de la forêt, le château et le parc d'Ermenonville étaient, au XVIIIe siècle, la propriété du marquis de Girardin, auteur d'un ouvrage intitulé *De la composition des paysages sur le terrain ou des moyens d'embellir la nature près des habitations en y joignant l'utile à l'agréable*. Tout un programme, que le marquis avait appliqué sur son domaine, transformant «une vaste étendue de marais impraticables, au sol fangeux, exhalant des vapeurs malsaines en toutes les saisons» en un jardin paysager, orné de monuments allégoriques (appelés «fabriques») qu'il estimait propices à la méditation : autel de la Rêverie, temple de la Philosophie, table des Mères, tombeau de l'Inconnu, dolmen, grotte des Naïades, etc.

Au printemps de 1778, le marquis invita Jean-Jacques Rousseau, dont il était un fervent admirateur, à venir s'installer chez lui. L'éternel errant, usé et malade, arriva à Ermenonville le 28 mai et fut enthousiasmé par

▲ *Ceinturé d'eau, veillé par des peupliers, le tombeau de J.-J. Rousseau dans le parc d'Ermenonville.*

En s'attardant sous les ombrages de la forêt de Compiègne, un ruisseau a formé
▼ *les vastes étangs de Saint-Pierre.*

Côté jardin, une terrasse, ornée de statues d'inspiration antique, domine le parc que Gabriel avait conçu comme une transition entre le palais et la forêt : après un «petit parc» très élaboré, un «grand parc» un peu moins dessiné devait amener au désordre tout naturel des taillis et des futaies. Mais les travaux n'étaient pas terminés lors de la Révolution. Napoléon, souhaitant intégrer autant que faire se pouvait le château à la forêt, fit remplacer le grand parterre à la française par des pelouses et construire une rampe permettant aux voitures d'atteindre la terrasse. Pour rappeler à Marie-Louise — qu'il venait d'épouser — les treilles et les perspectives de Schönbrunn, il fit aussi planter le «berceau de l'Impératrice», voûte de feuillage longue de 1 400 m, et percer l'avenue des Beaux-Monts.

Le palais est l'aboutissement d'une longue tradition. Une résidence royale existait à Compiègne dès le VIe siècle, et Charles le Chauve en édifia une autre au IXe siècle. À la fin du XIVe siècle, Charles V, pour épauler les remparts dont Philippe Auguste avait ceinturé la place, fit construire un château fort, que ses successeurs agrandirent et transformèrent sans réussir à le rendre confortable. Louis XIV, qui aimait ses aises, s'en plaignait : «Je suis logé à Versailles en roi, à Fontainebleau en gentilhomme, à Compiègne en paysan.» Le palais actuel est bâti sur les fondations de cette forteresse et suivant le même plan triangulaire, imposé par le tracé des remparts. Transformé en prytanée après la Révolution, il fut restauré par Napoléon, qui fit si bien aménager l'intérieur à sa convenance que le style Empire y est aujourd'hui beaucoup mieux représenté que les styles Louis XV ou Louis XVI.

Sur le côté droit de la cour d'honneur, l'escalier d'Apollon monte directement aux appartements de Marie-Antoinette et des enfants de France, mais l'entrée normale du palais se fait par le fond de la cour, sous le grand balcon. Après avoir traversé la salle des Colonnes, on monte l'escalier d'honneur, orné d'une magnifique rampe en fer forgé, jusqu'à la salle des Gardes, à décor militaire. Une antichambre commune donne d'un côté sur les appartements de la reine, de l'autre sur ceux du roi.

Dans les premiers, on visite l'antichambre des Nobles chez la Reine — dont les boiseries sont Louis XVI, mais dont le mobilier est celui qui y fut placé lorsque la pièce servit de salle de jeu au roi de Rome — et le salon de jeu de Marie-Antoinette, décoré de motifs floraux et garni de meubles qui sont parmi les plus beaux que nous ait légués l'époque Louis XVI. L'appartement du Roi, devenu celui des Empereurs, est décoré et meublé dans le style du premier et du second Empire, car Napoléon III, plus encore que Napoléon Ier, se plaisait à Compiègne : chaque automne, à l'occasion des chasses, il y donnait de brillantes réceptions qui, groupant les invités par catégories, étaient appelées «séries». On visite la salle à manger de

▲ *Une fantaisie géologique surprenante sous le ciel de l'Île-de-France : la Mer de sable d'Ermenonville.*

cette nature revue et améliorée. Mais il ne profita pas longtemps de ce hâvre de paix : le 3 juillet de la même année, il mourut d'une crise d'apoplexie, et on l'enterra au milieu de l'étang, dans l'île des Peupliers. En 1794, son corps fut transporté au Panthéon, mais son tombeau, de style antique, est resté un lieu de pèlerinage.

Le domaine du marquis de Girardin était beaucoup plus vaste que le parc actuel. Sa partie la plus sauvage, baptisée « Désert », s'étendait vers le nord. Avec ses étangs, ses landes, ses éboulis de grès et ses bouquets de pins, elle est restée pittoresque, mais on ne la visite pas, à l'exception de la *Mer de sable,* une grande étendue de sable blanc, absolument stérile, sur laquelle a été aménagé un parc d'attractions, et du jardin zoologique installé autour d'un vieux moulin.

Non loin de la Mer de sable, en pleine forêt, dans un cadre de verdure et d'étangs, l'ancienne *abbaye de Chaalis* dresse ses ruines romantiques. Fondée au XIIᵉ siècle à l'emplacement d'un prieuré, l'abbaye fut partiellement rebâtie au XVIIIᵉ siècle par Jean Aubert, l'architecte des Grandes Écuries de Chantilly, et dépecée après la Révolution. Au XIXᵉ siècle, divers propriétaires firent remettre en état les jardins et le bâtiment abbatial construit par Aubert. Dernier propriétaire en date, Mᵐᵉ Jacquemart-André légua le domaine à l'Institut, après avoir transformé le « château » en musée : à côté des collections d'objets d'art, deux salles abritent des souvenirs de Jean-Jacques Rousseau réunis par le marquis de Girardin. De l'abbaye

l'Empereur, décorée en faux marbre et meublée en acajou, le salon des Cartes, le salon de réception qui occupe le centre de la grande façade sur les jardins et qui était initialement la chambre du Roi, le cabinet du Conseil, transformé en salon de jeu sous le second Empire, la chambre à coucher de l'Empereur, avec son mobilier doré, la bibliothèque.

Une porte dérobée conduit à l'appartement de l'Impératrice, dont on visite la chambre à coucher, commandée pour Joséphine et enjolivée pour Marie-Louise, le boudoir et les trois salons, décorés par Dubois, Redouté et Girodet. La salle à manger de l'Impératrice, meublée par Jacob, et la galerie des Tableaux, maintenant ornée de tapisseries des Gobelins d'après Oudry, ne donnent pas sur le parc, mais sur une des cours intérieures. De la galerie des Tableaux, on rejoint la salle des Gardes et l'escalier d'honneur par l'immense galerie de Bal (45 m de long sur 13 m de large) construite sous Napoléon Iᵉʳ. La voûte en berceau, décorée de peintures illustrant les victoires de l'Empereur, porte d'énormes lustres de cristal, et des banquettes garnies de tapisseries de Beauvais s'intercalent entre les fûts cannelés des colonnes corinthiennes.

Dans le prolongement de la galerie de Bal, l'aile des Maréchaux, où étaient jadis logés les invités de marque, abrite maintenant le *musée du Second Empire,* consacré à Napoléon III, à l'impératrice Eugénie et aux personnalités de l'époque. De nombreux tableaux de Flandrin, de Detaille, de Meissonier, d'Horace Vernet représentent l'empereur, alors que Winterhalter a consacré son talent surtout à l'impératrice : la toile où celle-ci apparaît au milieu de ses dames de compagnie est la plus célèbre du musée. Cinq salles, dites « musée de l'Impératrice », rassemblent des souvenirs de la famille impériale, notamment lors de son exil en Angleterre, et de la fin tragique du prince impérial, massacré par les Zoulous. Enfin, les anciennes cuisines du château, des logements de service et la cour des Cuisines, couverte depuis 1931, abritent le riche et intéressant *musée de la Voiture et du Tourisme.*

Compiègne s'est formée autour de son château

Relié par un pont aux quartiers modernes de la rive droite, le vieux Compiègne déploie ses rues aristocratiques, ses larges avenues, ses villas et ses jardins sur la rive gauche de l'Oise, jusqu'à la forêt. Les bombardements de la dernière guerre ont détruit beaucoup de ses pittoresques maisons anciennes, mais plusieurs monuments méritent que l'on s'y attarde.

Au centre de la vieille ville se dresse l'*hôtel de ville,* que Viollet-le-Duc, expert en la matière, considérait comme « le plus beau

monument d'architecture civile de France ». Élevé au début du XVIᵉ siècle dans le style gothique flamboyant, il est flanqué de deux échauguettes et dominé par un beffroi à flèche d'ardoise haut de 47 m. Sa cloche, la « Bancloque », l'une des plus vieilles de notre pays, fut fondue en 1303. Trois jaquemarts de bois, les « Picantins », habillés en gardes suisses de l'époque François Iᵉʳ, « piquent le temps » de leur maillet tous les quarts d'heure. La façade est ornée de statues : Louis XII, à cheval, saint Remy, Saint Louis, Jeanne d'Arc, le chancelier d'Ailly, enfant du pays, et Charlemagne. À gauche et à droite, deux pavillons de style Renaissance ont été ajoutés au bâtiment principal, le premier au XVIIᵉ siècle, le second sous Napoléon III. L'hôtel de ville abrite le *musée de la Figurine historique,* une collection de plus de 100 000 soldats de plomb et d'étain de toutes les époques : à lui seul, le spectaculaire diorama de la bataille de Waterloo rassemble, sur 25 m², quelque 10 000 sujets.

Jeanne d'Arc, dont les Bourguignons s'emparèrent durant le siège de Compiègne, en 1430, a laissé son nom à la grosse tour ruinée, donjon du château de Charles le Chauve, qui s'élève entre l'ancien hôtel-Dieu Saint-Nicolas, dont la façade date de Saint Louis et les boiseries du XVIIᵉ siècle, et le parc de Songeons, où le lierre envahit les arcatures ogivales d'un cloître de dominicains. L'abbaye a disparu, remplacée au XIXᵉ siècle par l'hôtel de Songeons, actuellement *musée Vivenel,* dont la collection de vases grecs est probablement la plus riche de France après celle du Louvre.

Deux églises gothiques, Saint-Jacques et Saint-Antoine, datent du XIIIᵉ siècle, mais ont été remaniées par la suite. La première fut dotée d'un haut clocher Renaissance et ornée intérieurement, au XVIIIᵉ siècle, de placages de marbre et de boiseries. La seconde fut en grande partie reconstruite dans le style flamboyant. Quant à l'ancienne abbaye Saint-Corneille, il n'en reste qu'un cloître gothique, très éprouvé par la dernière guerre, et le réfectoire des moines.

Chantilly, sa forêt et son château

En aval de Compiègne, l'Oise n'abandonne la lisière de la forêt de Compiègne que pour longer un massif forestier de quelque 14 000 ha, qui constitue l'un des plus beaux chaînons de la « ceinture verte » de la capitale. À peu près d'un seul tenant, ce massif est néanmoins formé de trois forêts distinctes, celle d'Halatte au nord, celle d'Ermenonville à l'est et celle de Chantilly à l'ouest. Les deux premières appartiennent à l'État, la troisième est la propriété de l'Institut de France.

Domaine privé de 6 320 ha, la forêt de Chantilly est, en dehors des trois routes nationales qui la traversent et de quelques routes à péage,

▲ *Une église en ruine
et une chapelle restaurée
sont les seuls vestiges
de l'abbaye de Chaalis.*

primitive, il ne reste que les ruines de l'église, premier édifice gothique élevé par des moines cisterciens, et la chapelle de l'abbé, seul vestige du palais abbatial.

À l'ouest d'Ermenonville, près de Mortefontaine, un autre adepte des théories de Jean-Jacques Rousseau, Le Pelletier, a transformé en parc un secteur de la forêt. Au Moyen Âge, les moines de Chaalis y avaient creusé des étangs à usage de viviers. Le Pelletier l'enjoliva de rochers, de bosquets, de petits édifices rustiques, et en fit le *parc de Vallière*. Après la Révolution, le domaine échut à l'un des frères de Napoléon, Joseph Bonaparte, qui l'embellit encore. Les ducs de Gramont, derniers propriétaires, y ont fait construire, à la fin du siècle dernier, un château de style Renaissance. ■

Le château de Pierrefonds

À la lisière orientale de la forêt de Compiègne, près d'un lac que sillonnent barques et pédalos, un château fort qui semble sortir tout droit des *Très Riches Heures du duc de Berry* dresse au-dessus des arbres ses créneaux et ses mâchicoulis : le château de Pierrefonds.

C'est Louis d'Orléans, frère de Charles VI, qui fit construire, de 1390 à 1410, cette forteresse imposante. C'était en même temps une agréable demeure. De forme à peu près rectangulaire, elle occupe un promontoire à pic sur trois côtés. Huit tours rondes jalonnent les hautes courtines, au sommet desquelles courent deux chemins de ronde superposés, l'un couvert, l'autre crénelé. À l'intérieur, dans la cour d'honneur, un vaste donjon

→

*La maison de Sylvie, femme du
maréchal de Montmorency,
est le plus gracieux ornement
▼ du parc de Chantilly.*

interdite aux automobiles. Piétons et cavaliers y sont, en revanche, les bienvenus et y bénéficient d'un appréciable silence. Le sol étant pauvre et le gros gibier abondant, le boisement n'est pas très dense. Il est essentiellement constitué par des taillis de coudriers ou de tilleuls sous des futaies où domine le chêne, mais une lente reconversion remplace progressivement ce peuplement par des chênaies et des hêtraies, mêlées, dans les secteurs les plus arides, de pinèdes qui apportent une plaisante variété.

La forêt est parsemée de carrefours d'où rayonnent des allées en étoile destinées à faciliter les chasses à courre. Le rendez-vous de

carré servait de logis seigneurial, tandis que les bâtiments adossés aux courtines étaient occupés par les soldats et les serviteurs.

À la fin du XVIᵉ siècle, Pierrefonds devint la propriété d'Antoine d'Estrées, père de la « belle Gabrielle ». Le frère de celle-ci, François, ayant pris parti contre Louis XIII, le roi fit démanteler le château. En 1813, Napoléon Iᵉʳ acheta les ruines pour 2 950 F et, en 1857, Napoléon III chargea Viollet-le-Duc de les restaurer.

Le travail du célèbre architecte a été très contesté. Si certains considèrent le château de Pierrefonds, tel qu'il se présente aujourd'hui, comme une remarquable évocation de l'art militaire médiéval, d'autres n'y voient qu'un grand jouet, créé de toutes pièces pour amuser

Napoléon III. Il est certain que Viollet-le-Duc a, en partie, donné libre cours à son imagination, notamment à l'intérieur du château, mais il connaissait admirablement l'architecture féodale, et sa reconstitution est très plausible.

Du chemin carrossable qui fait le tour de l'édifice par le fond des douves, les tours de flanquement, ornées chacune d'une statue de preux dans une niche, sont particulièrement imposantes, avec leur double couronne de défenses. Après avoir traversé la basse-cour, dite « Grandes Lices », on pénètre dans le château en franchissant successivement un châtelet, deux ponts de bois, un pont-levis et une poterne. Dans la cour d'honneur, la façade de gauche — la plus longue — s'élève sur une galerie d'arcades en anse de panier. À droite, le

▲ Reconstruit par Viollet-le-Duc, le château de Pierrefonds est la reconstitution fidèle d'une forteresse du Moyen Âge.

Somptueux décor de l'hippodrome, les Grandes Écuries de Chantilly ▼ furent édifiées au XVIIIᵉ siècle.

chasse dit *château de la Reine Blanche*, construit au XIXᵉ siècle dans le style gothique, rappelle cette vocation cynégétique. Son nom lui vient d'un château plus ou moins légendaire que la reine Blanche de Navarre, la femme de Philippe de Valois, aurait fait construire à cet emplacement au XIVᵉ siècle. Le site est charmant. Alimentés par un affluent de l'Oise, la Thève, les quatre *étangs de Commelles* s'y déversent l'un dans l'autre, dans un vallon romantique peuplé de hêtres gigantesques.

Construit sur un îlot, au milieu d'un étang formé par la Nonette, autre affluent de l'Oise, le château de Chantilly a grande allure avec ses toits d'ardoises pentus que domine le clocher de la chapelle et ses tours plongeant directement dans l'eau. De style Renaissance, il se divise en Petit et Grand Château, le premier rectangulaire, sobre et authentique, le second triangulaire, bardé de tours rondes... et moderne.

Le Petit Château, ancienne capitainerie, encastre un long corps de logis, précédé d'un balcon qui surplombe l'étang, entre deux pavillons aux larges façades. À l'étage, les hautes lucarnes à meneaux mordent sur le comble en coupant la corniche, disposition originale pour l'époque. Le pavillon du sud-est, où s'ouvrait jadis l'entrée à pont-levis (aujourd'hui décalée vers la droite), est orné d'un arc de triomphe porté par quatre colonnes. Le pavillon du nord-ouest donne sur le parterre de la Volière, qui occupe la surface de l'îlot laissée libre par les constructions.

C'est l'architecte Jean Bullant qui édifia le Petit Château entre 1550 et 1560, pour le connétable Anne de Montmorency, compagnon

d'armes de François Iᵉʳ et héritier du domaine. Ayant guerroyé avec le roi en Italie, le connétable s'était épris d'italianisme et, fabuleusement riche, il venait de faire transformer dans le goût de la Renaissance le Grand Château, une forteresse dont l'origine remontait au Xᵉ siècle. Au XVIIᵉ siècle, le domaine échut par mariage à la famille de Condé. Le Grand Condé y établit sa résidence principale et fit reconstruire le Grand Château par Hardouin-Mansart. La Révolution morcela le domaine et rasa le Grand Château. Après la Restauration, le dernier des Condé légua Chantilly à son filleul, le duc d'Aumale, l'un des fils du roi Louis-Philippe. Le duc fit reconstruire le Grand Château entre 1875 et 1882, et en fit don, avec les fabuleuses collections d'objets d'art qu'il contenait et tout le domaine qui l'entourait, à l'Institut de France, dont il était membre.

Des trésors du musée Condé aux surprises du parc

Si l'architecture du Grand Château — un peu ostentatoire, comme on l'aimait à l'époque — peut prêter à contestation, le musée Condé, auquel il sert de cadre (conjointement avec le Petit Château), est universellement considéré comme l'un des plus beaux musées du monde. Grand collectionneur et amateur éclairé, le duc d'Aumale y a réuni un ensemble unique d'objets d'art de toutes les époques et de toutes les provenances : près de 600 tableaux, 13 000 livres, mais aussi des dessins, des miniatures, des tapisseries, des sculptures, des

▲ *Pierrefonds :
la salle des Gardes abrite
des fragments de sculptures
provenant de l'ancien château.*

massif donjon carré est suivi de la chapelle, dont le trumeau porte un saint Jacques le Majeur qui ressemble fort à Viollet-le-Duc. Vient ensuite le majestueux perron du pavillon d'angle, devant lequel une statue équestre de Louis d'Orléans, en bronze, accueille les visiteurs. Devant les fenêtres à meneaux du premier étage et les lucarnes à gable du second courent des balustrades de pierre. Entre la chapelle et le donjon, une poterne donne accès à la cour des Provisions.

Dans le donjon, on visite les appartements de Napoléon III : salle de réception, cabinet de travail et chambre à coucher. À l'étage, la salle des Chevaliers de la Table ronde était la chambre de l'Impératrice. L'aile ouest abrite, au rez-de-chaussée, la salle des Gardes

et, au premier, desservie par un escalier à double révolution, l'immense salle des Preuses (52 m de long, 9,50 m de large, 12 m de haut), couverte d'une voûte lambrissée en berceau brisé. Au-dessus du manteau de la cheminée monumentale, neuf grandes statues de pierre figurent les héroïnes des romans de chevalerie, sous les traits de l'impératrice Eugénie et de ses dames de compagnie. À l'autre extrémité de la salle, cinq preux hiératiques et polychromes leur font pendant sous la tribune des musiciens. Un cadre grandiose pour les fêtes magnifiques qui s'y déroulaient sous le second Empire.

Au pied du château, la maison du XVe siècle que Viollet-le-Duc habita pendant la durée des travaux n'a pas résisté aux bombardements de la Première Guerre mondiale. ■

vitraux, des porcelaines, des manuscrits, des bijoux... Il ne saurait être question de faire l'inventaire de ces trésors, groupés non par époque ou par catégorie, comme dans la plupart des musées, mais comme le duc avait pris plaisir à les assembler, en fonction de ses goûts personnels et des circonstances dans lesquelles il les avait acquis. On peut néanmoins, à l'occasion d'une promenade dans les deux châteaux, signaler les pièces les plus marquantes de ces incomparables collections.

Au rez-de-chaussée du Grand Château, la galerie des Cerfs est réservée aux scènes de chasses (tapisseries et peintures), tandis que la galerie de Peinture abrite des toiles des XVIe, XVIIe et XVIIIe siècles. La galerie du Logis et le cabinet des Clouet sont réservés aux œuvres des Clouet — Janet et François — et de leurs élèves. La galerie de Psyché abrite 44 vitraux du XVIe siècle, provenant du château d'Écouen. La salle dite « Santuario » contient quelques-unes des pièces les plus célèbres du musée : *la Vierge de la maison d'Orléans* et *les Trois Grâces* de Raphaël; *Esther et Assuérus* de Filippino Lippi; et 40 miniatures de Jean Fouquet, découpées, au XVIIe siècle, dans le livre d'heures d'Estienne Chevalier. De tous les bijoux du cabinet des Gemmes, le plus beau et le plus connu est le Diamant rose, dit « Grand Condé », volé en 1926 et récupéré, par le plus grand des hasards, à l'intérieur d'une pomme où ses voleurs l'avaient caché. Enfin, la tribune recèle, entre autres richesses, des tableaux de Memling, de Clouet, de Piero di Cosimo, de Botticelli, de Van Dyck, de Mignard, de Watteau, d'Ingres...

Au premier étage du Petit Château, les appartements que le duc de Bourbon, arrière-petit-fils du Grand Condé, décora de magnifiques boiseries Louis XVI, abritent une collection de 500 manuscrits, dont le joyau est celui des *Très Riches Heures du duc de Berry*, enluminé au début du XVe siècle par les frères de Limbourg.

Créé par Le Nôtre pour le Grand Condé, le parc de Chantilly entoure le château d'un écrin qui n'est pas son moindre attrait. Creusée, élargie, la Nonette est devenue Grand Canal (1 800 m de long). Un bras perpendiculaire, la Manche, s'avance au milieu de parterres à la française, émaillés de bassins et bordés par les voûtes de verdure des allées des Philosophes, à la rencontre du Grand Degré, le majestueux escalier qui rejoint la terrasse du Connétable.

À gauche des parterres, le Nouveau Jardin anglais, égayé par des ruisseaux et des plans d'eau, a remplacé celui que la Révolution avait détruit. On y trouve les restes du temple de Vénus, de l'île d'Amour et des cascades de Beauvais dont l'avait paré le génie inventif de Le Nôtre.

À droite, le parc proprement dit offre de nombreux buts de promenade. Les maisonnettes rustiques du Hameau, construites sous Louis XVI, sont de dix ans antérieures à celles de Trianon; proches

*La rotonde centrale
des Grandes Écuries de Chantilly
ornée de sculptures, de trophées
▼ et d'une fontaine-abreuvoir.*

Ici s'élevait
le plus beau donjon d'Europe

Au nord-est de Compiègne, *Coucy-le-Château* domine, du haut de son promontoire, la vallée de l'Ailette. Cette place forte médiévale, encore entourée de son enceinte de remparts, était, au XIIIᵉ siècle, le fief du puissant Enguerrand III, dont l'orgueilleuse devise proclamait :

Roy ne suis,
Prince, ne duc, ne comte aussy :
Je suis le sire de Coucy.

Il y fit construire un château à la mesure de ses prétentions et le dota du plus beau donjon d'Europe, une énorme tour cylindrique, haute de 55 m, large de 31, avec des murs de 7 m d'épaisseur. Démantelé par Mazarin, restauré par Viollet-le-Duc, ce magnifique témoignage de

▲ *Bardée de tours, l'enceinte médiévale de Coucy-le-Château, orgueilleuse citadelle du sire de Coucy.*

l'architecture féodale n'est plus qu'un monceau de décombres : en 1917, les Allemands l'ont fait sauter à la dynamite.

En dépit de cette perte irréparable, les ruines du château restent imposantes. Dans la vaste basse-cour gazonnée, où l'on aperçoit les restes d'une chapelle romane, on visite la salle des Gardes. À l'extrémité du promontoire, le château proprement dit est flanqué de quatre grosses tours rondes, dont chacune aurait fait un très honorable donjon dans une forteresse moins présomptueuse. Dans les bâtiments d'habitation, refaits au XVᵉ siècle, il reste des vestiges des salles des Neuf Preux et des Neuf Preuses, un cellier et des souterrains.

Prolongeant les murs de la forteresse, les remparts de la ville,

du Grand Canal, elles servirent de cadre à bien des fêtes champêtres, agrémentées de promenades en barque. Les deux chapelles Saint-Paul et Saint-Jean datent du connétable de Montmorency, alors que la Caboutière est de style Louis XIII. Le plus joli bâtiment du parc est la maison de Sylvie. Construite par le fils du connétable, elle fut rebâtie par le Grand Condé, dotée d'un jardin par Le Nôtre et agrémentée d'une rotonde par le duc d'Aumale, qui en fit un petit musée.

À l'ouest du château, en dehors du parc avec lequel il communique par la porte Saint-Denis, s'élève l'un des plus beaux monuments civils qu'ait édifiés le XVIIIᵉ siècle : les Grandes Écuries. C'est le duc Henri de Bourbon, prince de Condé et ministre de Louis XV, qui le fit construire par l'architecte Jean Aubert pour y loger ses 240 chevaux, les centaines de chiens de ses meutes et le nombreux personnel qui leur était affecté. La façade principale, qui donne sur l'hippodrome, est ornée de grandes arcades et couronnée d'une balustrade derrière laquelle s'ouvrent des lucarnes arrondies. L'entrée, située dans le pavillon central à pans coupés, est digne d'un palais : flanqué de pilastres, le portail est surmonté d'un fronton en plein cintre décoré de chevaux grandeur nature. Sur la droite du bâtiment, au-delà du pavillon d'angle, un manège circulaire communique avec l'extérieur par trois arcades monumentales, ornées de colonnes et couronnées d'un somptueux fronton sculpté.

L'hippodrome, inauguré en 1834, a contribué à faire de Chantilly la « ville du pur-sang ». Au mois de juin, le prix du Jockey-Club et le prix de Diane y attirent l'élite des turfistes, et, toute l'année, c'est l'un des principaux centres français d'entraînement de chevaux de course.

Senlis à l'orée de la forêt d'Halatte

Au nord de la forêt de Chantilly, dont elle est séparée par la Nonette, la forêt d'Halatte appartenait, au Xᵉ siècle, au comte de Senlis, qui devint roi de France sous le nom d'Hugues Capet. Aujourd'hui, c'est une forêt domaniale de 4 300 ha, agréablement vallonnée, sillonnée de promenades balisées. Les secteurs les plus pittoresques sont les plus élevés, ceux d'où l'on découvre de beaux points de vue sur le moutonnement des chênes et des hêtres : mont Pagnotte, mont Alta, chêne à l'Image, allée forestière du Diable. Au centre, dans la clairière de Fleurines, le prieuré ruiné de Saint-Christophe rappelle que les rois avaient fait don de parties importantes de la forêt à des communautés religieuses.

Au sud de la forêt, sur la Nonette, *Senlis* est une ancienne place forte gallo-romaine, dont on reconnaît encore les arènes et les remparts. Le château où les rois de France faisaient halte à leur retour de Reims, après le sacre, se réduit à quelques ruines dans un bouquet

d'arbres : porte fortifiée, donjon, chapelle de Louis VII, chambre du roi. Du prieuré Saint-Maurice, fondé par Saint Louis dans l'enceinte du château, subsistent deux salles édifiées au XIVᵉ siècle; un bâtiment plus récent (XVIIIᵉ s.) abrite le musée de la Vénerie, le seul de toute l'Europe consacré à la chasse à courre.

Avec ses rues tortueuses et ses maisons anciennes, ses églises et ses couvents, le centre de la ville est la providence des cinéastes qui, à 50 km de Paris, y trouvent un parfait décor naturel pour films d'époque. Le plus beau monument est l'ancienne cathédrale Notre-Dame, un édifice gothique (fin du XIIᵉ s.) assez remanié, surtout à l'époque de la Renaissance. Son intérêt principal réside dans sa façade occidentale très pure, flanquée de deux tours. Celle de droite est surmontée d'une flèche de pierre ajourée du XIIIᵉ siècle, haute de 78 m, qui est l'un des plus beaux clochers de la région parisienne. Le grand portail central tient une place importante dans l'histoire des cathédrales gothiques, car c'est le premier à être dédié à la Vierge. Il fut souvent imité par la suite et notamment à Mantes, à Chartres et à Reims. Le tympan est consacré au couronnement de la Vierge, le linteau à sa mort et à sa résurrection, et la sculpture est un modèle de grâce et de légèreté. Datant du XVIᵉ siècle, le portail du croisillon sud est également consacré à la Vierge, mais il est exécuté dans un style flamboyant où perce déjà l'influence de la Renaissance, et le contraste entre les deux œuvres est saisissant.

La forêt de Retz
enserre Villers-Cotterêts

À l'est de Senlis, le plateau du Valois est bien nivelé, et la route y file tout droit. Sur ce « billard », une butte d'une trentaine de mètres fait figure de piton, et l'on serait surpris qu'elle ne soit pas couronnée d'une forteresse médiévale : démantelé sous Henri IV, le *château fort de Montépilloy*, dont l'enceinte est occupée par une ferme, a encore des fossés, une porte fortifiée, un donjon carré et un autre circulaire, réduit à un pan de mur de 45 m de hauteur.

Ancienne capitale du comté, puis du duché de Valois, dont les seigneurs furent rois de France durant deux siècles et demi, *Crépy-en-Valois* est accrochée au bord du plateau, au-dessus de deux vallons. Il ne reste pas grand-chose de la forteresse féodale qui commanda toute la région pendant des siècles : une partie de l'enceinte, deux tours, la chapelle Saint-Aubin (XIIᵉ s.) et le bâtiment gothique dit « de l'Auditoire ». Dans ce dernier a été installé le musée de l'Archerie : le tir à l'arc est resté très populaire dans tout le Valois, et ce musée réunit tout ce qui a trait à ce sport, dont la vogue est d'ailleurs en train de gagner toute la France.

▲ Fief de la dynastie des Valois,
qui gouverna la France
de Philippe VI à Henri III,
Crépy-en-Valois a conservé
une partie de ses fortifications.

renforcés par des tours rondes, sont percés de trois portes. La plus belle est la porte de Laon : s'ouvrant sur le plateau, elle était le point faible de l'enceinte et, de ce fait, la mieux défendue. La porte de Soissons est épaulée par une grosse tour dans laquelle a été aménagé un petit musée.

Au nord-est de Coucy-le-Château, la *forêt domaniale de Saint-Gobain* couvre quelque 4 000 ha. Ses futaies de chênes, de hêtres et de frênes sont sillonnées de ruisseaux bordés de peupliers et jalonnées d'étangs. Des routes balisées permettent de découvrir quelques arbres multicentenaires, les ruines d'un monastère (Saint-Nicolas-aux-Bois), un prieuré transformé en ferme (le Tortoir) et les imposants bâtiments classiques (occupés par un hôpital) de l'ancienne abbaye de Prémontré.

→

*Le puissant donjon pentagonal
du château de Vez
et la chapelle qui abrite
▼ le musée du Valois.*

Au fil des rues, d'anciens hôtels, de vieilles maisons, des édifices évoquent le souvenir du passé. L'église Saint-Denis a subi bien des modifications et des restaurations au cours des siècles, mais sa nef couverte en charpente est romane, et son chœur gothique flamboyant ne manque pas d'élégance. En face, les ruines de l'abbaye Saint-Arnould recèlent des vestiges intéressants, dont certains remontent au Xe siècle. Le monument le plus remarquable est l'ancienne collégiale Saint-Thomas, démolie après la Révolution; il n'en reste que la façade du XIIe siècle, flanquée de deux tours dont l'une est couronnée d'une belle flèche du XVe siècle.

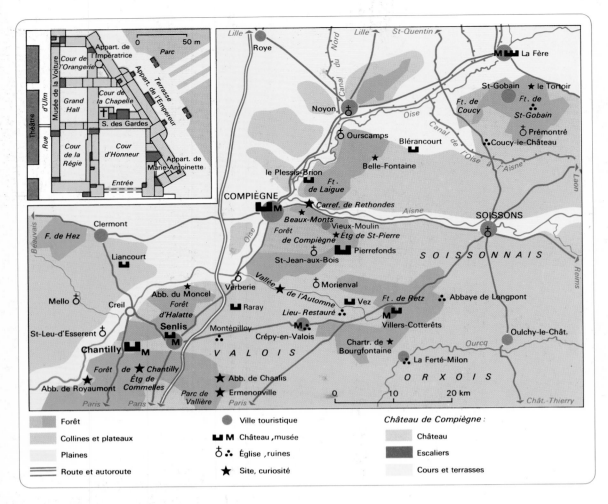

Château de Compiègne :

Au nord du massif forestier, dans les pâturages gorgés d'eau où l'Oise se divise en plusieurs bras et reçoit la Serre, la place forte démantelée de *La Fère,* quadrillée de canaux, s'enorgueillit de son musée : les primitifs allemands et hollandais, les écoles flamande et française y sont fort bien représentés par 300 toiles de valeur. L'église Saint-Montain cache derrière une façade moderne une sacristie romane, une nef du XIIIᵉ siècle et un double bas-côté du XVᵉ.

À l'ouest de Coucy-le-Château, le magnifique château de *Blérancourt,* que Salomon de Brosse construisit au XVIIᵉ siècle pour les ducs de Gesvres, a terriblement souffert de la Révolution. Il en reste la cour d'honneur, ses douves et ses deux portes monumentales, deux pavillons et une partie de l'aile gauche. Cette dernière a été complétée par un bâtiment moderne, et l'on y a installé le musée national de la Coopération franco-américaine : des souvenirs de la guerre de l'Indépendance y voisinent avec ceux des deux conflits mondiaux. ∎

Au nord-est de Crépy, sur l'Automne, dont la vallée entaille le plateau, le petit village de *Vez* est dominé par le puissant donjon pentagonal du château rebâti à la fin du XIVᵉ siècle et partiellement restauré à la fin du XIXᵉ. Dans la cour, la chapelle abrite le musée du Valois (objets préhistoriques et gallo-romains).

En amont de Vez, l'Automne, bordée de saules et de peupliers, serpente entre les deux branches d'un vaste massif forestier en forme de fer à cheval : la *forêt de Retz.* Ancienne chasse royale, la forêt déploie sur plus de 13 000 ha ses futaies de hêtres énormes, dans lesquelles des bouquets de chênes, de charmes, de frênes et même de résineux mettent un peu de variété. Cerfs et biches y sont encore nombreux, et l'on chasse toujours à courre sur les laies que fit percer François Iᵉʳ. Plus récents, cinq circuits automobiles et des sentiers pédestres, soigneusement balisés, sillonnent la forêt, dont la partie la plus pittoresque est la branche nord, parcourue d'est en ouest par une crête assez abrupte.

La forêt enserre sur trois côtés *Villers-Cotterêts,* ville natale d'Alexandre Dumas, qui y passa les vingt premières années de sa vie. L'écrivain y mena une triste existence de clerc de notaire impécunieux avant de faire à Paris la carrière que l'on sait, et il y est enterré dans la sépulture familiale. Dans le musée des Trois Dumas, les souvenirs de l'auteur des *Trois Mousquetaires* voisinent avec ceux de son père, le général, et ceux de son fils, le dramaturge de *la Dame aux camélias,* tous deux prénommés comme lui Alexandre.

Construit au XVIᵉ siècle pour remplacer une forteresse détruite pendant la guerre de Cent Ans, le château de Villers-Cotterêts est de style Renaissance. C'est François Iᵉʳ qui le fit édifier, et ses emblèmes — salamandre et F couronné — se retrouvent partout. Le roi y séjourna à maintes reprises et y rendit la célèbre ordonnance de Villers-Cotterêts (1539), qui imposa l'usage du français dans les actes officiels et créa l'état civil. Henri II compléta l'œuvre de son père avec l'aide du célèbre architecte Philibert Delorme, et Louis XIV fit dessiner les jardins par Le Nôtre (ces jardins sont aujourd'hui remplacés par une immense pelouse, dans l'axe de laquelle la majestueuse allée Royale s'enfonce dans la forêt).

Après la Révolution, le château fut assez maltraité. Converti successivement en caserne, en cité artisanale, en « dépôt de mendicité » (c'est-à-dire en prison pour les mendiants et autres chemineaux), en parc d'artillerie et en maison de retraite, il a été restauré à la fin du siècle dernier, sans retrouver pour autant l'aspect qu'il avait avant la tourmente. Si la façade côté pelouse est flanquée de deux tours rondes coiffées en poivrières, celle qui regarde la ville est d'une extrême sobriété. À l'angle gauche, près de la modeste église Saint-Nicolas (XIIᵉ-XVIᵉ s.), s'élève un pavillon rectangulaire, dit « Pavillon Henri II », bâti par Philibert Delorme.

Par une porte monumentale et une voûte ornée de têtes d'anges, on pénètre dans une immense cour d'honneur, bordée de bâtiments de service et garnie de parterres fleuris. Au fond, le plus beau corps de logis du château, dû aux frères Le Breton, les architectes de François Iᵉʳ, sépare la cour d'honneur d'une seconde cour beaucoup plus exiguë. La porte est surmontée d'une loggia à balcon en fer forgé, et les fenêtres géminées de l'étage sont couronnées de coquilles et d'amours sculptés. À l'intérieur, on admire surtout les magnifiques voûtes à caissons du « grand » et du « petit » escalier et l'ancienne chapelle royale, ou salle des États, somptueusement décorée de colonnes annelées et d'une frise de salamandres et de guirlandes.

Au sud de la forêt de Retz, *La Ferté-Milon,* ville natale de Racine — qui n'y resta guère, ayant eu le malheur de perdre ses parents en bas âge —, s'étage au-dessus de l'Ourcq, au pied des ruines de son château. Résidence princière, celui-ci fut construit à la fin du XIVᵉ siècle par Louis d'Orléans, frère de Charles VI, mais ne fut jamais achevé, son propriétaire ayant été assassiné. Démantelé sous Henri IV, il se réduit à la façade d'arrivée de son enceinte, renforcée par un donjon éventré et par trois tours qui présentent la particularité de former éperon vers l'extérieur. Deux de ces tours, qui ne dépassent pas la courtine, encadrent une porte ogivale surmontée d'un admirable bas-relief représentant, sous un arc en anse de panier, le couronnement de la Vierge. Des niches garnies de statues de preux ornent les tours et le donjon. Dans le bourg, les églises Notre-Dame et Saint-Nicolas possèdent de beaux vitraux de la Renaissance.